I0154145

Guilielmus a Cambio

Dringende und gründliche Vorstellung an das teutsche Reich

über die konstitutionellen Pflichten bei den nunmehrigen

Siegsvorschritten der kaiserl. Armeen

Guilielmus a Cambio

Dringende und gründliche Vorstellung an das teutsche Reich
über die konstitutionellen Pflichten bei den nunmehrigen Siegsvorschritten der kaiserl. Armeen

ISBN/EAN: 9783337413569

Hergestellt in Europa, USA, Kanada, Australien, Japan

Cover: Foto ©ninafisch / pixelio.de

Weitere Bücher finden Sie auf **www.hansebooks.com**

Dringende

und

gründliche Vorstellung

an das teutsche Reich

über die

konstitutionellen Pflichten

bei den nunmehrigen Siegsvorschritten
der kaiserl. Armeen.

———

von

Guilielmus à Cambio.

Germanien 1796.

Zeit und Umstände rufen endlich die hohen Vorsteher des teutschen Reichs auf, die großen und schreienden Bedürfnisse, in denen dieses sich befindet, und von denen iene selbst umgeben sind, dann aber auch die konstitutionellen Pflichten, die reichsständischen Obliegenheiten, welche daraus entspringen, ernstlich zu überdenken. Doch bei dem bloßen Ueberdenken, womit allein nichts vollführt wird, muß man es nicht immer beruhen lassen, greifen muß man nach dem flüchtigen Zeitpunkt, das reiflich überdachte trockene Resultat in lebendige Wirksamkeit zu setzen; Hand muß man ohne Aufforderung und mit gemeinpatriotischem Eifer an das edle, erhabene Werk legen, das Vaterland einmal von dem drückendsten Joche der neustänkischen Feinde zu befreien.

Wenn man nun den öffentlichen Staatserklärungen gemäß entschlossen ist — (und dieser Entschluß ist edel, ist nothwendig, ist rühmlich)

4

lich) — durch einen pragmatischen und soliden
Frieden dem teutschen Reich die heilsame Ruhe
mit den läßigen Räuberhorden — (denn keinen andern Namen verdienen Neufrankens Heere, deren jeder Schritt alles in Armuth,
Blöße und Wüsteney verwandelt) — und mit
der Ruhe, uns die alte Staatsergänzung zu
verschaffen: so muß zugleich ungesäumt das
vorzüglichste Augenmerk dahin gerichtet werden,
wie, und durch welche Maasregeln der so
erwünschliche Friede von der Neufrankenrepublik erhalten, und nach Thunlichkeit beschleuniget
werden könne.

Lasset uns den Werth und die Wichtigkeit dieses Problems durch eine gründliche Un-
tersuchung würdigen.

Bereits lange Zeit hatte sich das Waffenglück, welches Anfangs den östreichischen und
teutschen Reichskriegern sehr zuzulächeln schien,
in diesem beispiellosen Revolutionskriege vom
teutschen Boden weggewandt, und ganz auf die
Seite der Feinde unsers Vaterlands geneigt.
Die östreichischen Niederlande wurden wieder
verschlungen, das halbe Rheinufer ward die
Beute der republikanischen Staatenstürmer, welche gegen alle Vermuthung und mit der ange-
streng-

ſtrengteſten Gewalt blutige Siege ertroſten, bis
ſie es endlich wagten, auch über den Rhein in
das Herz Teutſchlands einzubringen, und alle
Gegenden, welche das Unglück hatten, mit dieſer Länderplage heimgeſucht zu werden, mit
Raub, Mord, Brand, und einem in der Welt-
geſchichte undenkbarem Greuel zu verheeren.

Bei ſo traurigen Aſpekten mußte der nach-
denkende Patriot, der ſich mit Staatskenntniſ-
ſen beſchäftiget, vorerſt über der folgenden Frage verweilen:

Hat Frankreichs Uebermacht, Kriegs-
glück, und die entſchiedene Unmög-
lichkeit oder Schwäche Teutſchlands
dieſes gränzenloſen Unheil, dem nicht
mehr auszuweichen war, nothwendig erzeugen müſſen? Oder hat
teutſche Fahrläßigkeit ſo erſchreckliche
Folgen veranlaßt, und hat der teutſche Langmuth und politiſche Wi-
derſprechungsgeiſt ſich die Schuld
zuzuſchreiben?

A 3　　Die

Die Beantwortung dieser Frage, von deren richtigen Umfassung alles, unser bisheriges, und noch mehr unser künftiges Schicksal abhängt, müßte bis diesen Augenblick zum Nachtheil der Teutschen ausfallen. Der zweite Abschnitt der Frage, wenn wir nämlich das zweckwidrige Staatsbenehmen von teutscher Reichsseite betrachten, wird, füglich zuerst erörtert, uns den ersten Abschnitt mehr konsequent darstellen, indem unsere Verhältnisse zu Neufrankreich den Grund der Uebermacht und nothwendigen Oberhand der Feinde entkräften, oder indem aus den ersteren die Richtigkeit des letzteren fließt.

Eine allmählig mehrere Jahre hindurch gesammelte Masse von Thatsachen läßt keinen Zweifel übrig, daß wir uns alle Uebel des Kriegs, und jene fürchterlichen Wirkungen, welche zu unsrer leidigen Erfahrung theils aus einer am teutschen Karakter lange geahndeten (fast möchte man sagen) national gewordenen Schläfrigkeit, oder aus der Verwirrung der Meinungen und politischen Grundsätze entstanden sind, zuzezogen haben; daß daher jener ungeheure Verlust, welcher nicht nur unsere Fürstenthümer, sondern auch so viele Klassen des Bürgers und des Landmanns traf, auf unsere eige-

eigene, überhaupt falsch kalkulirte Rechnung zu
setzen ist.

Der Beweis liegt in der Sache selbst.

Das teutsche Reich im Ganzen, das heißt,
im systematischen, in der Natur der teutschen
Verfassung begründeten, und deshalb unzertrenn-
baren Verband aller Fürsten und Stände, und
des höchsten Oberhaupts hat den gemeinschaftlichen
Krieg erklärt, und gegen wen? gegen Neufrankreich, welches durch seine der alten Diplo-
matik widersprechende Staatsumwälzung auch
den Sturz unserer Fürsten, und unsrer Verfassung bezwekte; gegen Neufrankreich, welches bereits vorher in dieser Absicht dem Könige von
Ungarn, unserm bald nachmals erwählten Kaiser Franz II. und mehreren Königen, welche
mit dem teutschen Reich unmittelbar, oder
durch Allianzen verbunden waren, angekündiget
hatte, gegen Neufrankreich, welches nicht zufrieden
mit den der Politik und gewöhnlichen Staatskunde
Europens gefährlichen Planen, schon teutsche
Fürstenlande und verschiedene Gerechtsamen ge-
waltthätig an sich riß; gegen Neufrankreich
endlich, welches mit seinen Staatsneuerungen,
und Vorgriffen zugleich alle in Staatsverhand-
lungen sonst als Richtschnur angenommene Verträge,

8

träge, Friedensschlüsse und Tractaten, und die
teutschen Fundamentalgesetze, wie z. B. den
Westphälischen Frieden gebrochen und verwor-
fen hat.

Das teutsche Reich hat also, aufgefodert
und gezwungen, die pflichtmäßige Nothwehr und
Selbsthilfe gegen die usurpirten Eingriffe der
geschwornen Feinde ergriffen, das teutsche Reich
hat sich bemüßiget gefunden, mit den Waffen
und mit vereinigter Macht die ihm entrissenen
Erbrechte und Lande zu vindiciren. Das teutsche Reich hat zu diesem Zwecke durch einen
allgemein und konstitutionel verbindlichen Reichsschluß den Krieg an Neufrankreich erklärt —
nicht um etwa nur einzelne Vortheile dabei zu
suchen — nein — es hat diesen Krieg erklärt, um das Vaterland und dessen gekränkte
Wohlfahrt und Ehre zu retten.

Hieraus folgt, daß auch Mittel und Zwek
allgemein, konstitutionel, allein ausführbar für
das Gesammtinteresse, somit für alle Fürsten
und Stände des teutschen Reichs heilig waren,
und bis zur Beendigung der niemals indi-
viduellen Staatsangelegenheit bleiben mußten.
Diesen unstreitigen Grundsätzen zufolge, welche
der teutschen Verfassung analog waren, schickte
man

man die teutschen Heere in das Streitfeld, verfaßte man am Reichstage den Kriegsopera= tionsplan, entwarf man mit dem pragmatischen Maasstab, und mit einer allgemeinen Stim= mensammlung den Betrag der Reichskontingen= te, die Verhältnisse der Reichsarmatur, und erließ hierüber mehrere Konklusa. Wirklich schien dies nicht so fast politische Ettikete und Ceremonie nach altem Stiel zu seyn, es schien, als wollte man mit gemeinsamer Thätigkeit und Kraftanstrengung das große Staatswerk, von dem man ausgegangen, zweckmäßig verfolgen.

Auch Se. königl. Majestät von Preußen als Kurfürst von Brandenburg bot Anfangs alle reichsstandschaftliche Pflicht auf, in freundschaft= lichen Einverständniß mit Oestreich für die Reichs= staatssache mitzuwirken.

Aber schon während dem erfoderlichen Gan= ge desselben zeigten sich manche Lücken in der Ausführung des Systems, das man auf dem Papier entworfen hatte; denn gar bald verlor sich die gemeinschaftliche Eintracht aller Glieder zu dem Ganzen, die frühzeitige allgemeine Zu= sammenwirkung gerieth durch schiefe Neutrali= täts= und Temporisirungsmaximen ins Stecken, der anfänglich aufglühende Eifer für die Ge=
sammt=

sammtsache des teutschen Reichs . erkaltete —
und man wollte großentheils Krieg führen, ohne
die unvermeidlichen Opfer von Mannschaft und
Geld, oder die pflichtmäßigen Reichsprästazio-
nen, die Kontingente und Armatur nach Zeit
und Bedürfniß in Ordnung zu bringen. Man
wollte entweder aus einer gewissen Staatseigen-
heit nichts thun, weil man vergaß, daß man
vorher seine Stimme zum Reichskriege, das ist,
zu einem allgemeinen Kriege gegen den Feind
des Vaterlandes gegeben habe, oder man that
seine Schuldigkeit nicht ganz, wahrscheinlich weniger aus Unvermögen als aus Kaltsinn, und
verzögerte das Seinige zu einer Zeit zu thun,
wo es hätte wirksam seyn können; lauter Hin-
dernisse, welche den gehörigen Fortgang der
Operationen hemmen mußten.

Indessen man sich bei der hohen Reichsversammlung in Regensburg mit löblichen De-
liberazionen und Diktaturen (wiewohl schon allmählig auch mit Widersprüchen) über reichsständische Verbindnisse, und vorliegende Bedürfnisse beschäftigte, geschah nichts von Aussen,
wo jene hätten in Blut und Leben übergehen
sollen. Daher bei diesem immer mehr sichtba-
ren Schneckengang des Reichskriegs die lauten
und protokollirten Klagbeschwerden anderer pa-
                                              trio-

triotischen Fürsten und Stände, daher die reichsoberhauptlichen Erinnerungen und Aeusserungen
vom gerechten Mißvergnügen über die geringe
Nachachtung der Gemeinsache.

Auch selbst auf dem Kampfplatz begann eine gewisse läßige Gleichgültigkeit und Dishar-
monie, besonders aber ein einseitiger Spekula-
tionsgeist sich einzuschleichen, und Oestreichs bis-
hierher obsiegenden Heere konnten jetzt mit allem aufgebotenen Heldenmuth dem stets mehr
heranschwellenden Strome der Neufranken, welche durch den teutschen Langmuth gewonnenes
Spiel bekamen, nicht Widerstand genug leisten,
wenn auch von der andern Seite noch die tapfern Hessen, Sachsen, Pfälzer und andere
Reichstruppen mit wetteifernder Tapferkeit das
ihrige beitrugen. Es gebrach nur an elektri-
scher Kraft, welche, was das schlimmste war,
so sehr abgenommen hat, daß sie durch keine
Reichsaufmunterungen und Hofdekrete von Wien
erweckt werden konnte.

Die Neufranken, bei weitem nicht so sehr
auf ihre militärische Ueberlegenheit und ihr Glück,
als auf die wunderliche Wendung der teutschen
Staatssache trozend, verbreiteten ihre Siegsfah-
nen an den Ufern des Rheins und weiter um-
her,

her, wodurch denn ein panisches Schrecken für
den feindlichen Fortschritten, und dem Mißge-
schik der kaiserlichen Waffen nun viel größere
Umänderungen in Gesinnungen und Grundsätzen
erzeugte, zumal da ein Theil nach dem andern
mit einer grausamen Wuth von der teutschen
Muttererde abgerissen wurde.

Inzwischen war es natürliche Folge des
Vorausgegangenen, daß der Gedanke an einen
Frieden mit dem übermüthigen Feinde erwa-
chen mußte, dem man jezt, eben wieder aus
Uebereilung, weil eine Inkonsequenz aus der
anderen sich ergab, seine Unmacht bekennen zu
müssen glaubte. Auch am Reichstage hat man
bereits Berathschlagungen und Vorschläge über
die möglichstbaldige Einleitung des Friedens getroffen, welcher aber allgemein und annehmlich,
oder, was eins ist, ein der teutschen Würde und
Verfassung entsprechender Reichsfriede seyn sollte. Selbst Se. Kaiserl. Majestät, immer be-
eifert für das Wohl des Vaterlands, und immer bereit, dem allen die Hand zu bieten, was
mit ihren eigenen so kostspieligen, so sehr ins
Auge fallenden Aufopferungen das Interesse des
Ganzen befördern könnte, war weit entfernt,
die allerhöchste Genehmigung der Reichsgutachten über einen gewünschten Frieden zu verwei-
gern;

gern; nur drang man in Wien aus reichsvä-
terlicher Absicht, und mit unerschütterlicher Be-
harrlichkeit auf die Aufrechthaltung Teutschlands
und seiner Gerechtsamen.

Nichts, dünkt uns, war edler, nichts dem
patriotischen Hochsinn der teutschen Reichsvor-
steher im schönen Verein mit dem höchsten Oberhaupte angemessener, nichts der teutschen Grundverfassung würdiger, als eine solche mit Ge-
meinkraft bewirkte Einleitung zu einem allgemeinen Reichsfrieden. Noch hätte auch, da die
Preußischen, und andere Reichstruppen auf dem
Schlachtfelde standen, mit Ernst, mit aufrichti-
gem Herzen und warmen Hochgefühl für vaterländische Wohlfahrt und Ehre, so wie mit ent-
flammter, konzentrirter Macht mittelst verdop-
pelter Einwirkung aller Glieder mit dem Oberhaupt in das allgemein aufgestellte Triebwerk
der Stolz der Neufranken gedemüthiget, noch
hätte der Staatszweck des Reichskrieges, nämlich ein konstitutioneller allgemeiner Friedens-
schluß erzwungen werden können.

Allein war die Reichssache bis diesen Augenblick schlimm, so nahm sie jetzt eine noch ver-
wirrtere, verfassungswidrigere, und doppelsinni-
gere Gestalt an. Denn jetzt trat offenbar,
das

was bisher in geheim geschah, einseitige Haus-
politik an die Stelle des Gemeingeists, des
Reichsstaatswerks, und jetzt verdrängte Privatinteresse die grundgesetzliche Rücksicht auf das
allgemeine Reichsbeste. — Wider alle Erwar-
tung entstanden — ohne das Gemeinwerk- des
beabsichteten Friedens auch nur eingeleitet zu haben — Separatfriedenstraktate mit dem Reichsfeinde, und so erfolgte einige unkonstitutionelle
Trennung — (wenn man auch von der zerrüt-
teten Koalition anderer dabei interessirten Mäch-
te schweigen will) — von dem gemeinschaftlichen Reichsverband, welcher doch die einzige
haltbare Grundsäule des höchstwichtigen Frie-
densgebäudes mit dem so ungezähmten als mächtigen Neufrankenlande hätte werden sollen; eine
Grundsäule, welche nunmehr durch eine zwei-
deutige Spaltung verletzt wurde, und mit deren
Verletzung zugleich die reichsständische Eintracht
und Zusammenwirkung, wenigst einigermassen
und auf einige Zeit mit schädlicher Hintanse-
zung der Gemeinsache des gesammten Reichs zu
Trümmern gegangen ist.

Nun hatte es allerdings das Ansehen, als
wäre keine Rettung beinahe für die Hälfte des
eroberten und ausgeplünderten Teutschlands zu
hoffen, auch wenn das Ende des Kriegs noch
                                        gut

gut ausfallen sollte; denn nur mehr Oestreichs
brave Krieger, und einige wenige Reichstruppen waren gegen den hereinstürzenden Reichsfeind in Waffen, und leider auch diese schon
über die mütterliche Scheidewand des Rheins
zurükgetrieben. Dazu kam noch der äusserst be-
denkliche Umstand, daß die neufränkische Republik, und deren Heerführer, nach bekannter Ge-
wohnheit schlau und lauernd auf Teutschlands
Verderben, durch den unkonstitutionellen Beitritt jener Reichsfürsten, welche durch Separat-
Vergleiche sich auf eine Art näher an die Reichsfeinde anzuschliessen, und eben aus dieser Ursache von dem künftigen Reichsverband mehr
sich loszumachen schienen, — und die daraus
entquellende Zerrüttung des teutschen Grundsystems stolzer und dreister gemacht wurden, um
der andern Parthei willkührliche Friedensgesetze
in Basel, als an dem von Neufrankreich be-
stimmten Orte vorschreiben zu können. Und
diese Parthei war es, welche bei dem Kriege
größtentheils gelitten, Land und Rechte verloren
hat, und das Opfer eines schändlichen Friedens
hätte werden müssen.

Nach diesem stuffenweise dargestellten Her-
gang der Sache, nach den unläugbaren Faktis,
welche der Welt und Nachwelt vor Augen liegen

gen — wie fällt das Resultat der obigen
Frage aus? Hat das teutsche Reich — nach
dem Verhältniß mehrerer, und auch mächtiger
Individuen zu dem Ganzen zu urtheilen —
nicht selbst alle Uebel des von ihm allgemein
erklärten Reichskrieges veranlaßt? — Hat es
nicht selbst brennbaren Stoff in Menge geliefert, damit das wilde Feuer der Zerstöhrung
in dem Herzen des Vaterlandes noch mehr an-
geschürt werden sollte? Und war jener kaum
ersetzliche Verlust an Recht, Land und Menschen
nicht die nothwendig existirende Folge des theilweise vorspringenden Privatinteresse, des unkonstitutionellen Maximengeistes, oder am gelin-
desten zu reden, des zeremoniösen, nach dem
altteutschen Aktenstaub, des auf den heutigen
schnell vordringenden Zeitgeist nicht mehr pas-
send seyn konnte, riechenden Langmuths, und
der politischen Widersprechungssucht? —

Mit diesem entwickelt und löset sich zugleich das Resultat des ersteren Theiles der obigen systematisch voraus zu schickenden Frage
auf. Nicht also die Uebermacht, nicht das Waffenglück, selbst nicht der demokratische Enthusiasmus Neufrankreichs, so groß und heftig er
auch war, hat jene schrecklichen Folgen des vor-
dem gemeinschaftlich in Form der teutschen
Kon-

Konstitution unternommenen, nachher in ein par,
tiales Quodlibet ausgearteten Reichskrieges her,
vorgebracht. Wir thaten uns geflissentlich oder
aus Fahrläßigkeit alles selbst — was hätte das
damals noch so sehr übermächtige Neufrank,
reich hinzuthun sollen? Zuvörderst, da der
Stoff einer politischen Lethargie schon in unsern
eigenen Eingeweiden verborgen zu liegen schien? —
Die Neufranken und ihre Befehlshaber durf,
ten nur ihre Centralkraft anwenden, nur die
günstigen Zeitpunkte, welche bei uns versäumt
wurden, benützen, aus unserm Nachtheil ihren
Vortheil schöpfen, und mit den Materialien
teutscher Schwächen ihre Nationalstärke bethäti,
gen — ein den Franzosen von jeher ganz eige,
ner Kunstgriff! Das teutsche Reich hat nur
seinen Feinden die angenehme Gelegenheit dar,
geboten, auf den Bruchstücken der zerrissenen Ge,
sammtmacht Teutschlands ihre republikanischen
Trophäen zu erheben; das teutsche Reich hat
selbst, oder vielmehr einige Fürsten haben den
erklärten Fürstenfeinden die Dolche in die Hän,
de gegeben, um unsere wakern Heere zu mor,
den; haben ihnen den Weg in den Busen des
teutschen Reichs erleichtert; haben ihnen freien
Spielraum gelassen, um auf teutschem Boden
plündern, und ihr Wesen treiben zu können.

B   Wahr

Wahr ist es zwar, Frankreichs beträchtliche
Ueberlegenheit in der Anzahl der Armeen, und
zusammen aufgefaßte Kriegsmacht: —: indem immer 200 Mann gegen 100 Teutsche zu rechnen
waren, hatte viel, sehr viel voraus, und hatte
Teutschlands angespannteste Gegenwehr aufgefor-
dert; aber eben diese mächtige Aufforderung hätte
auch den Reichspatriotismus und den altteutschen Rittermuth, von dem unsere Fürsten ehemals beseelt waren, anspornen sollen, mit aller
möglichen Nationalenergie, und einem ohne Zau-
dern entgegen gesetzten Wehrstand den feindlichen
Ausfällen Einhalt zu thun.   Die Neufranken
haben gleich Anfangs mehr gehandelt, und mit
grellrascher Entschlossenheit Zweck und Mittel in
Bewegung gesetzt; im teutschen Reich hat man
mehr mit Deliberationen sich beholfen, als daß
man mit Handlung dem Embrio der Staatssache Leben eingehaucht hätte; man hat die kost-
bare Zeit mehr mit Politisiren über einen Gegenstand zugebracht, dessen Wichtigkeit die wärm-
ste allgemeine Theilnahme, und das unverzüglich-
ste Augenmerk verdient hätte.   Warum hat der
teutsche Reichsgeist nicht, nach dem Beispiel des
Demokratischen gleich bei der allgemeinen Kriegs-
erklärung, auch mit der allgemeinen Schnellkraft
gewirkt?   Man betrachtete im ersten Eifer die
große, vielumfassende Staatsangelegenheit aus

einem

einem zu leichten Gesichtspunkt; getäuscht durch
den politischen Glauben, das teutsche Reich, als
ein kolossalischer Körper wurde, da Oestreichs emi-
nente und vollgewichtige Macht bereits voran
stehig, mit dem bloßen Namen schon den neuen
Staatsriesen Frankreichs niederwerfen, wollte
man den Triumph über denselben, dessen morali-
sche, civile, und politischen Kräfte und Verhältnisse
man nicht genau abzuwägen sich beladen ließ, in
Paris feiern. Allein sobald die Erfahrung lehrte,
daß man sich in der Berechnung übereilt hatte,
weil man im Grunde nur seinen Namen herzu-
leihen, die Wirksamkeit und Ausführung hinge-
gen fast ganz auf Oestreich hinüber zu schieben
bedacht war; so sanken auch die Flügel gar
bald, womit man von einem Theile sich über
Neufrankreich emporschwingen wollte. — Und
Oestreich wurde eben durch jenen falschen Kalkul
der Politik und die nachher die verkehrte Anwendung der teutschen Grundgesetze der Verlegenheit preis gegeben durch alleinige noch so starke
und kampffähige Macht es mit dem andringen-
den, mit Berechnung und Maasstab weit besser ausgerüsteten Feinde allein aufzunehmen. —
Was hätte man bei einem vorsichtigeren Kalkul
ausgerichtet, wenn alles auf den Grundgesetzen,
von denen man ausgegangen ist, festgehalten,
oder wenn alles vielmehr diese allgemein statui-

ten Grundgesetze, und Kriegsmaaßregeln mit allgemeiner Vereinigung der Gesammtkräfte in
Ausführung gebracht hätte — und zwar zu einer Zeit, und in Umständen in Ausführung gebracht hätte, wo des teutschen Reichs volle
Mannskraft konzentrirt mit geringerem Verluß,
und mit ohne Vergleich besserem Erfolg dem
noch so sehr auf Uebergewalt pochenden Feinde
die Stirne zu bieten im Stande war?

Wir wollen gern einräumen, die Neufranken hatten viele scheinbar überwiegende Ansprüche auf die Oberhand, die sie in der Folge über
das teutsche Reich behaupteten. Sie führten
einen Revolutionskrieg, einen Krieg der ganzen
Nation, und sie standen in Masse auf, und konnten in näherer Verbindung mit dem Schlachtfelde zusammenhängend, geschwinder und kräftiger wirken; der teutsche Reichskrieg war eigentlich in Allianz mit auswärtigen Mächten ein
Krieg der Könige und Fürsten, woran unmittelbar und zuerst, da die Sache noch als eine
einfache Angelegenheit der Großen behandelt
worden, das Land keinen Theil nahm, auch
nicht verbunden ward, Theil zu nehmen. Die
entfernten Armeen Teutschlands mußten auf einem langen und beschwerlichen Umwege mit vieler Kostspieligkeit, und nicht geringer Erschlaf-

fung

fung von Kraft an den Bestimmungsort kommen, wo indessen die Neufranken von ihrer frischen Kraft beträchtliche Vortheile errungen
hatten.

Aber Oestreich hatte eine grosse kultivir-
tere, im Ganzen kriegsgeübtere Mannschaft, einen Kern auserlesener tapferer Soldaten, und
wäre das gesammte teutsche Reich mit jenen
vereinigt unter den Fahnen des preußischen Ad-
lers der mehr anscheinenden als reellen Uebermacht der Feinde nicht gewachsen gewesen? Würde die Gemeinsache des teutschen Reichs durch
den ernsthaften, unwandelbaren, auf grundgesetzliche Verfassung gestützten Beistand des kriegerischen Preußens nicht gewonnen haben, dessen in-
nerer Gehalt größtentheils in dem Streitvermö-
gen besteht, dieses Preußens, auf dessen Kabi-
net Friedrichs Geist noch Einfluß haben wird.
Oder würde Friedrichs des großen Philosophen
und Helden Geist sich nicht schämen, jezt sein
Haus in einer Unmacht zu sehen, welche die
Nothwendigkeit aufbringt, mit dem Feinde des
teutschen Reichs, mit dem Feinde der Könige,
und jeder monarchischen Verfassung es zu halten, und von der zweckmäßigen Fortsetzung eines
Krieges abzustehen, den Kurbrandenburg, als
eins der mächtigsten Reichsglieder, im allgemeinen

B 3

nen Reichsverband, miteingeleitet und angefangen hat? — Würde Friedrich II. zu der Unternehmung des Krieges beigestimmt haben, wenn er nicht von der Stärke seiner Macht überzeugt, vorher gesehen hätte, zur Ehre und zum Besten des teutschen Reichs ausharren zu können, Friedrich, dessen militärische Ruhmbegierde einst beinahe das halbe Europa zu umschreiben wagte?

Oder sollte (welche bange Gedanken entsteigen dem Herzen des beobachtenden Patrioten!) sollte Preußens Privatstaatsinteresse niemals, oder nur mit willkürlichen Beschränkungen und auf gewisse Zeit mit dem allgemeinen Reichsinteresse vereinbar und verträglich seyn können? Sollte die besondere und eigenthümliche Staatsklugheit des Kabinets von Berlin immer auch besondere und eigenthümliche Abweichungen von dem konstitutionellen Gange der Reichsgeschäfte erfodern? Die Ehrfurcht, welche das teutsche Reich gegen einen so ansehnlichen Mitstand erstern Ranges hegen muß, verböte schon so was zu argwöhnen, wenn nicht auch bei gegenwärtigem Falle in dem Neufrankenkriege Thatsachen und vorliegende Ereignisse, die dem ganzen Europa, wie dem teutschen Reiche bekannt sind, jenen Argwohn zu rechtfertigen schienen.

Aber

Aber das ist es eben, was uns in der An-
erkennung der trostlosen Wahrheit bestärkt, daß
nicht in Frankreichs politischem und kriegerischem
Uebergewicht, nicht in der auf irgend eine Weise
existirenden Prävalenz des Reichsfeindes, sondern in den eigenen, oft zu sehr zerstückelten,
und um uns so ausdrücken zu dürfen, fast fäul-
nißartigen Staatsgrundsätzen, oder Maximen der
Privatpolitik, der Keim des Verderbens zu suchen ist, welches seit langem dem teutschen Va-
terlande tiefe, noch bis diese Stunde eiternde
Geschwüre herbeigezogen. Die Eintracht, die
Seele aller gesellschaftlichen Handlungen, die
grundverfassungsmäßige harmonische Uebereinstimmung sämmtlicher Glieder zu dem Ganzen in
einer unverrückten Kette, die eintönige Realisirung aller sachdienlichen Mittel und Behelfe zu
einem großen und allgemeinen Staatszwecke, die
genaue, pflichtentsprechende Nachachtung der
Fundamentalnormen, welche das ungeheure Triebwerk eines großen Staatskörpers erhalten müssen, mit einem Worte, die systematische Zusammenwirkung im Gesammtwillen und Gesammt-
vermögen zugleich, welche wohl nie elastischer
als in diesem allen übrigen Staaten und Regie-
rungsarten gefährlichsten Kriege mit den neufränkischen Demokraten hätte eingreifen sollen, zer-
fiel sich unläugbar damals in Brüche, als in
den

den Kabineten und in dem Felde sich zweideu-
tige Zurükhaltung und Schlaffheit äusserte, als
Eigennuz immer mehr den Hang zum allgemeinen Reichswohl erstickte, und als endlich einzelne
Trennungen von dem Gemeinwerk, und der Gesammtsache des teutschen Reichs gegen den
Sinn und Ton des vaterländischen Systems erfolgten.

Ob nun gleich die Neufranken in dieser
Rücksicht uns es wieder bevortheilten, indem sie
wenigstens alle von Aussen sich eine nazionelle
Einhelligkeit zur Richtschnur machten, und mit
der erdenklichsten Aufopferung von Gut und
Blut nach einem Hauptzwecke trachteten, nämlich nach der Bekriegung aller Fürsten und Völ-
ker, welche sie ihrer neuen Staatsrevoluzion entgegen zu seyn glaubten: so wüthete doch im
Innern mit periodischem Wachsthum der böse
Dämon vieler Faktionen, durch dessen schädlichen Wirkungskreis eine gewisse Lähmung der
Nationalstärke hervorgebracht wurde; und wie
hätte das teutsche Reich jene giftige Brut des
innern Neufrankreichs zu seinem Vortheil nähren
können, wenn man mit gleich nazioneller Energie
und grundgesetzlicher Anspannung aller Kräfte gegen die Fortschritte des Feinds gehandelt, und
gestritten, aber auch im Handeln und Streiten mit
patriotischem Gemeinsinn ausgedauert hätte.

Wahr

Wahr ist es zwar ferner, daß neu umgeschmol-
zene Frankreich hat mit der Umwandlung in demokratische Form einen vorzüglichen National-
reichthum, und beinahe unerschöpflich scheinende
Hilfsquellen, den Krieg ohne vermuthliche Ab-
spannung fortzusetzen, erhalten. Die Einkünfte
der erwürgten Krone und des Bourbonischen
Stammes, der entwürdete Adel, der theils ab-
gesetzte, theils exilirte Klerus, alle reichen Pfrün-
den und Abteien, welche sämmtlich in der neufränkischen Regierung ihr Grab gefunden hatten, auch die Güter der reichen Bürger, welche aus einer republikanisch-tyrannischen Finanz-
spekulation unter der neuerfundenen Mordma-
schine verblutet, alles mußte per fas et nefas,
wie man zu sagen pflegt, den Schaz der Nation,
oder, richtiger zu reden, den Schaz des Kon-
vents, und der Privatbörsen der Nationaldepu-
tirten vermehren helfen. Das langmüthige
Teutschland selbst mußte zulezt durch unzählige
Kontributionen, Erpressungen, und Raubereien
aller Art sein ergiebiges Scherflein beitragen,
den geldsüchtigen Franzmann in seinen Eroberun-
gen zu unterstützen.

Aber wie lange dauerte diese Glorie des
neufränkischen Finanzsystems? Wie bald schwan-
den die vollen Kassen, welche Paläste, Altäre,
Klöster

Klöster und Bürgerbuden geliefert hatten, als
wären sie von einem Ocean verschlungen? Was
raften die unbegränzten Bestechungen, Mäckle-
reien und geheimen Korrespondenzen von Osten
bis Norden, von Süd bis West für ungeheure
Summen hinweg? Die Welt staunt izt wirklich über den Staatsbankrott zu Neufrankreich,
welchen Armuth und Luxus, Tyranney und Re-
publikanismus, schreckenathmender und bluttrie-
fender Jakobinismus, und volksrepräsentirenden
Moderatismus in einem wunderlich alternati-
ven und kontrastirenden Gemische allmählig her-
beigeführt haben. Die baare Münze liegt entweder in den vergrabenen Kassen einzelner Raub-
vögel, die von dem Fett des unglücklichen Bürgers schwelgen, oder ist in das bereits neufrän-
kisch gestimmte, oder noch umzustimmende Aus-
land gewandert; der Rest des Nationalschazes
besteht in einem Wuste von Papieren ohne
Werth, die selbst der strengste Demokrat nicht
mehr annehmen will, und die izt größtentheils
dem Feuer übergeben werden. Der Konvent
weis schon fast nicht mehr, zu welchem Ret-
tungsmittel er im äußersten Gedränge seine Zuflucht nehmen soll. um den ganz verfallenen
Wohlstand der Republik, wieder herzustellen.
Nur das neueste Zwangsanleihen soll noch die
einzige Arznei seyn, welche man einem Kranken
giebt,

giebt, der in letzten Zügen liegt. Wie hatte das teutsche Reich während dem vierjährigen Kriege Ursache, sich über einen so mißlichen Verfall der Finanzen, über eine so verzweiflungsvolle Erschöpfung aller innern Kräfte zu beklagen? Das Gefühl teutscher Würde, welches für erworben zu halten schon die sträflichste Staatssünde gegen die Nation wäre, läßt unmöglich die Erniedrigung zu, unsere eigene Macht zu verläugnen, so deren volle Existenz die Wahrheit spricht. Wir werden im planmäßigen Verfolg dieser Darstellung sehen, daß wir im Verhältniß mit der Neufrankenrepublik immer noch der behaglichsten Lage genießen: Ja selbst die Schwächen, welche die fruchtlos verschleuderte Zeit hindurch dem teutschen Staatskörper zugegangen sind, hätten wir sehr vermindern und abwenden können, wenn wir unsrer Nationalstärke nicht absichtlich entsagt, und mit einzelnen Mächten, welche selbe mit so vielem Ruhme zum Besten des Vaterlands behauptet haben, im Ernst und auf gleicher Pflicht mitgewirkt hätten. Dem teutschen Reiche gebrach es nie am Vermögen, nur leider desto mehr am Gesammtwillen, an allgemeiner Verwendung; hievon überzeugt ieden unbefangenen Patrioten der allenthalben kundbare Erfolg der Sachen.

Ein

Ein anderer Scheingrund, den man, weil
Fehler auf irgend eine Art entschuldiget werden
sollen, für die Ueberlegenheit und den Vorsprung
der Neufranken vor den Teutschen anführen
möchte, ist der demokratische Enthusiasmus
der Nation, welche für Freiheit und Gleichheit,
diese zwei reizenden Göttinnen, den Krieg mit
der Halbscheide von Europa angezettelt hatte,
der rasende Enthusiasmus der republikanischen
Armeen, welche für die neuen Rechte des Vaterlandes, und zugleich für ihre eigenen Menschen-
rechte gefochten. Beigetragen hat dieser Volks-
enthusiasmus, von dem die Neufranken nach
dem vorher erlittenem Drucke natürlich dem freie-
ren und gerechteren Lebensgenusse entgegen schmach-
tend ganz durchglüht wurden, nicht wenig zur
eifrigeren Erkämpfung des neuen Volksglücks
und Interesse, an das nun einmal die Einbil-
dungskraft der von dem täuschenden Bilde er-
hitzten Neufranken geheftet war. Im Anfang der
Revolution vorzüglich brach der ohnehin lebhafte
und aufbrausende Karakter der Franken in so
helle Flammen aus, daß sie alle Spannkraft in
sich aufriefen, alles wagten, um den frischgezim-
merten Götzen der Demokratie, für den sie wie
in einem zauberschen Vorgefühle der kommenden
Seligkeiten hingerissen wurden, über den Trü-
mern des Königsthrones zu erheben. Aber er
hatte

hatte doch in der Hauptsache viel Blendendes
dieser neufränkische Enthusiasmus. So wie die
Geschichte der Menschheit uns den National-
karakter der ehmaligen Franzosen von dem grauen
Alterthum her als flüchtig, unstät, schnell für
Etwas entbrennend, aber eben so schnell wiederum ablassend, kurz als wandelbar schildert, so
hat sich auch iezt der Neufrankenkarakter, der
sich bei der größesten Staasveränderung nie im
Ganzen verlor, in den abwechselnden Krisen des
Revolutionswerkes und Krieges gezeigt. Denn
werfen wir einen Rückblick auf den Gang der
Sache, gradeweise verrauchte die erste Hitze
der Neufranken, ie nachdem häusliche oder politische Umstände eintraten. Der Freiwilligen
waren wenige, welche sich dem Kriegsdienste
des Vaterlands gewidmet. Der Faktionen waren unzählige, welche die Glut der Enthusia-
sten dämpften, und der geheime Royalismus,
oder der Anhang einer eingeschränkten Monar-
chie erhob nicht nur in Paris, sondern in allen
Provinzen sein Haupt, oder gab wenigst ein
Mittel ab, den enthusiastischen Feuereifer im allgemeinen abzukühlen. Mit dem erdachten
Schreckensystem wurde alsdann der Enthusiasmus für bürgerliche Freiheit immer mehr unter-
drückt, und die Furcht für dem gewaltsamen
Verlust des Seinigen, und für der täglich in
Berek.

Bereitschaft gestandenen Guillotine hatte auch den
neurepublikanischen Schwindelgeist erkaltet. Zu
diesem gesellte sich nachher die sichs anwachsende
Noth, und das Volksgeschrei um Nahrung,
wodurch, wie wir wissen, die Kolera der Neufranken gar sehr gemäßiget wurde. Wie aber
iezt dieser gefürchtete Enthusiasmus für die Re-
publick, deren verheissenen Früchte man noch
nicht sieht, und deren seichter Grund noch immer den größesten Stürmen ausgesezt ist, nun
in matten Funken glimme, beweiset die allgemeine überhand nehmende Unzufriedenheit, und
der laute Mißmuth der republikanischen Armeen, unter denen schon der Geist der Verwirrung spuckt, und Hofnungslosigkeit, wie das
marternde Bewußtseyn der Unmacht sich verbreitet, beweiset die ängstliche Flucht vor den Waffen der kaiserlichen Sieger, die Sehnsucht nach
der Heimath und nach dem Frieden, welches
dringendes Bedürfniß den entkräfteten, von allen
entblößten, auch bereits nicht mehr vom frem-
den Raube zu mästenden Freiheitsfechtern wird,
beweiset die starke Desertion, die häufige Nie-
derlegung der Waffen, und das Davonlaufen
der Neufranken, welche nicht länger für ein Ge-
spenst der Eroberungssucht kämpfen, und ohne
zu wissen, warum und zu welchem Zwecke dem
despotischen Eigensinn der Volksrepräsentanten
ihr Leben opfern wollen.

Allein

Allein, wenn auch jener Enthusiasmus der Neufranken für ihre Sache so groß war, wenn ihr patriotischer Eifer für die demokratische Verfassung, und überhaupt für die Durchsetzung ihrer unmoralischen Plane sie zu allen Thaten anfeuerte — warum hat nicht ebenfalls das teutsche Reich, von wärmer Vaterlandsliebe geleitet, mit einem pflichtmäßigen edeln Gemeinsinn seine gerechte und moralischgute Staatssache vertheidiget, warum nicht jenem gallischen Enthusiasmus, der nur eigentlich in politischen und moralischen Fanatismus ausgeartet, für widerrechtliche Erbeutung des teutschen Guts, für den Raub und Mord der teutschen Bürger und Fürsten wüthete, mit patriotischgemeinsamen Gefühl, und Gebrauch aller Kräfte für die eigene Gesammtsache in verfassungsmäßiger Verbindung aller Glieder zu dem Oberhaupte entgegen gearbeitet? — Dieser bittere, und wie die unpartheiische Geschichte einst den Ausspruch thun wird, verdiente Vorwurf fällt bis hierher wiederum auf teutsche Seite. Hätten wir alle gleichgestimmt, mit allgemeiner Anhänglichkeit an die Grundgesetze für das Reichsinteresse, mit elektrischem Vaterlandsgeist, und doch mit teutscher Gesetztheit und reiner Vernunft die fanatische Wuth der Neufranken zu stillen gesucht, welches Unheil, vom schmählichen Mangel an

reichs-

reichsständischem Patriotismus entsprungen, wäre
verhütet, welcher Vortheil für das Vaterland
errungen worden?

Der Reichskrieg mit den Neufranken war
eine gemeinschaftliche Angelegenheit aller Könige, und aller Fürsten und Stände Teutschlands,
ein Krieg für ihre eigene Haussache, für die
Erhaltung ihrer Lande, und dennoch haben manche Fürsten des Reichs keine zweckdienliche oder
keine ausdauernde Theilnahme an dem Gemein-
nutzen gezeigt, dennoch hat mancher sich Schritte
gegen den konstitutionellen Verband erlaubt, um
die Sache eines andern Mitstandes zu verderben, oder zu erschweren. Gewiß wird die Nachwelt diese fast unglaubliche Thatsache unter die
mannichfaltigen und seltensten Paradoxen unsers
Zeitalters rechnen.

Es ist sich daher gar nicht zu verwun-
dern, daß die teutsche Nation so sehr nicht an
dem Frankenkriege Theil genommen hat, und
in Masse selbst gegen die Fürstenfeinde aufge-
standen ist, da sich einige Fürsten so wenig um
ihr gemeinschaftliches Reichsstaatswerk beküm-
mert haben: und es wäre vielleicht die Natio-
nalbeiwirkung zu erwarten gewesen, wenn man
den Völkern mit einem schönen Beispiel von
Patrio-

Patriotismus vorgeleuchtet, und sie durch allge=
meine Thätigkeit zur Aufrechthaltung einer all=
gemeinen Vaterlandssache aufgemuntert hätte.

So ein Beispiel von dem edelsten, aufrich=
tigsten, uneigennützigsten, gemeinsinnigen Reichs=
patriotismus, welches das Erzhaus Oestreich,
oder was noch mehr ist, welches das allerhöch=
ste Oberhaupt des Reichs, der teutsche Kaiser,
nicht nur zu seinen, auch zum Beßten aller
Reichsmitstände, und des Vaterlandes vorzüglich
aufgestellt hat, wenn so ein Beispiel, in dessen
Befolgung sich lange auch das biedere, wahr=
haft patriotische Sachsen, und Hessen bis zu der
wahrscheinlich erschlichenen Separat=Negotiation
mit dem Feinde nebst anderen tapfern Patrio=
ten ausgezeichnet hatte, von dem ganzen hohen
Reichsgremium wäre nachgeahmt worden ——
mit welchem Nachdruck, mit welch unsterblichem
Ruhme wäre die Ehre, das Wohl, und die
Grundverfassung des gesammten Germaniens und
seiner Fürsten gerettet worden? —— ——

Und dieses unbegränzte Beispiel des teut=
schen Kaisers Franz II. von Vaterlandsliebe,
vom reichsgrundgesetzlichen Gemeinsinn, von rast=
loser Anstrengung ist von der Art, daß es jetzt
endlich, da es noch Zeit wäre, das Vergangene

E

zu verbessern, das Staatsinteresse der teutschen
Konstituzion, wie des teutschen Namens zu befördern, die Nazionalenergie aus dem politischen
Schlummer erwecken, und eine ungesäumte Zusammenwirkung der bis hierher diesfalls zerrütte-
ten Reichsmaschine bezwecken sollte. Gehen wir
nur billig, gerecht und mit reifer Ueberlegung
zu Werke; lassen wir die Vernunft eine Weile
über die Leidenschaften herrschen, räumen wir
dem teutschen Edelmuth und Reichspatriotismus
ein Plätchen vor der doppelzüngigen Politick ein,
und wir werden alsdann, nicht mehr Sklaven
des Vorurtheils oder der Schmeichelei, die nackte
Wahrheit eingestehen, und mit schuldigstem Dank
erkennen, die für jeden teutschen Patrioten herz-
erhebende Wahrheit: Oestreich hat alles erschöpft, und erschöpft noch wirklich alles,
was zur Aufrechthaltung des teutschen
Reichs in diesem verderblichsten aller Kriege beitragen kann. Oestreich, zuerst von
den Kronenstürmern bekriegt und angefallen,
wurde mit dem teutschen Kaiserthum zugleich in
den allgemein erklärten Reichskrieg verwickelt.
Oestreich hat Jahre hindurch diesen Krieg
nicht so fast für sich, als für das Reich geführt;
von keinen Kosten, von keinen Beschwernissen
abgeschreckt, so überschwenglich diese waren, hat
es mit unermüdetem Gemeingeist für die Sache
des

des teutschen Reichs gekämpft, hat es ausseror-
dentliche Aufopferungen für das Gemeinwerk mit
der redlichsten Theilnahme an dem Interesse aller
Mitstände gemacht. Oestreich hat mit seinen
Helden über die stolze Macht der Neufranken
gesiegt, und hat sein Eigenthum nur für das
teutsche Vaterland, und nur durch die unpatrio-
tische Schläfrigkeit, oder verbandwidrige Politik
und Abtretung von der Schaubühne anderer verloren. Oestreich hat auch im Unglück mit dem
nämlichen reichsoberhauptlichen Kraftaufgebot aus-
geharrt, und da der allgemein feierlich angekün-
digte Reichspatriotismus sich entweder furchtsam
in die Winkel verkroch, oder sich in eine sonder-
bare dem Reichsfeinde angenehme Pazifikazions-
linie einschloß, hat es seinem Schicksale beinahe
allein überlassen, nur von einigen getreuen Reichstruppen begleitet, eine undurchdringliche Mauer
gebildet, woran die auf Teutschlands Mißver-
ständnisse trotzenden Neufranken ihre Freiheits-
köpfe zerstoßen.

Jedermann, dem nicht Scheelsucht oder
Neid den Gesichtspunkt des Wahren verrückt,
muß die Kriegsthaten Oestreichs, und die in so
kurzer Zeit fast unglaublichen Fortschritte der
kaiserlichen Waffen anstaunen. Der Reichsfeind
ist nun von den erfahrnen Befehlhabern, und dem

C 2   vor-

vortreflichen Kriegern Oeſtreichs über den Rhein
gejagt, und ſelbſt tief hinein über das jenſeitige
Ufer zurücke geworfen, er flüchtete ſich, wie vom
Donner verfolgt, muthlos, und beinahe ganz zur
Gegenwehr unfähig über Hals und Kopf immer
näher an die Grenzen ſeiner Heimath zu, welche
ihm nun weit willkommner, als der Kampfplatz
wäre. Und das teutſche Reich iſt nun großentheils durch die einzige väterliche Fürſorge ſeines
höchſten Oberhaupts, welches ſich in der groß-
müthigen Wirkſamkeit zur Aufnahme des Ganzen durch einſeitige Abweichungen vom Pfade der
Grundgeſetze nicht irre machen ließ, von den
neufränkiſchen Länderverwüſtern geſäubert; das
teutſche Reich mit ſeinen Fürſten und Einwoh-
nern befindet ſich ſchon durch Oeſtreichs mächtigen Schuz allein in der Lage, bei einem künftigen der teutſchen Verfaſſung und Würde beſſer
entſprechenden Feldzuge, vollkommene Ergänzung
gewinnen zu können. Das innere Teutſchland
wurde ohne den geringſten Einfluß der preußi-
ſchen Demarkazionslinie, welche nur zu ungeſez-
lichen Privatabſichten abgeſtochen war, und ohne
einige Beiwirkung jener außer dem Wege unſres
Konſtituzion uſurpirten Friedenstraktate von den
ferneren Ausfällen des Reichsfeindes geſichert.
Dieß alles hat das teutſche Vaterland Oeſtreichs
ächtſtändiſcher Treue, dies alles dem teutſchen
Kai-

Kaiser zu verdanken, dieser einzigen furchtbaren Stütze der teutschen Fundamentalgesetze und Reichsverfassung zu verdanken, daß Teutschland bei der entsetzlichen Gefahr des gänzlichen Ruins noch ist, was es war, zu verdanken, daß es nicht ein Raub der neufränkischen Insulten, eine Beute der politischen Verwirrung geworden ist; und endlich Franz dem Zweyten, und seinen Heeren hat es das teutsche Reich zu verdanken, daß viele seiner Fürsten noch in ihrer Substanze bleiben, hauptsächlich aber daß sie von den Pariser anmaßlichen Diktatoren ihres Volks und vor Europa sich keinen willkührlichen Frieden erbetteln müssen, einen verstümmelten Frieden, der das schändliche Grab der teutschen Ehre, und der teutschen Integrität seyn würde.

Aber bei dieser günstigen Wendung der politischen und kriegerischen Verhältnisse, bei diesem glücklichen Umschwung des teutschen Reichskrieges, bei diesen denkwürdigen Vorschritten der Kaisermacht, wodurch so schöne Aussichten in die Zukunft geöfnet sind, muß doch jezt (oder es müßte uns alles trügen) in eines jeden Fürsten und Reichsstandes Seele der erhabene Gedanke sich festgründen, was nun zu thun sey, um die herrliche Vorbereitung der Kriegs- und Friedensumstände nicht wieder geflissentlich zu vereh-

C 3   teln,

teln, um im Gegentheil das angelegte Ziel der
teutschen wiederauflebenden Wohlfahrt ganz zu
erreichen. Die Bahn, die so steil und schro-
figt ware, ist geebnet, die äußerste Gefahr, welche des teutschen Reichs Untergang drohte,
ziemlich verscheucht, das Loos zu einem annehmlichen Frieden ist durch Oestreichs siegreiche Waffen geworfen, es kommt nur darauf an, daß
Teutschlands Fürsten zusammen treten, und sich
es zum ernstlichen Staatsgeschäfte machen, in
konstituzioneller Vereinigung mit dem höchsten
Oberhaupt die Vollendung des Gemeinwerks, welches Oestreichs unerschütterte Schutzwehre bereits
auf diesen Grad von Gedeihen gebracht hat, und
damit die vorige Selbstständigkeit des teutschen
Reichs bezwecken zu helfen.

Von der Weisheits- und Gerechtigkeitsliebe
der hohen Vorsteher des teutschen Reichs muß
man es allerdings erwarten, daß sie dem Erz-
hause Oestreich und noch vielmehr ihrem Kaiser die Zumuthung erlassen werden, das Werk
des allgemeinen Reichskriegs, welches dermal so
erwünschlich eingeleitet ist, ganz allein auch aus-
zuführen. Denn offenbar liegt dem Staats-In-
teresse des teutschen Reichs und seiner Stände
selbst daran, daß die heilsame Beendigung des
Krieges, wozu so schöne Hoffnungen einladen,
                                        nicht

nicht wiederum durch eigene Schuld vereitelt
werde. Pflicht, Rationalkraft und allgemeine,
und eigene Staatssache ruffen alle Mitstände zugleich auf, in dem gehörigen Konstitutionsbünd-
niß zwischen sämmtlichen Gliedern und dem höchsten Oberhaupt mit den Waffen einen allgemeinen Reichsfrieden zu erzwingen. Und daher heischt dieser große Gegenstand die schnelle
Beherzigung und eben so schnelle Lebendigma-
chung der Frage:

Was soll, was kann, was wird das
teutsche Reich bei den jetzigen Kriegsverhältnissen thun?

Diese dringende Staatsfrage enthält ihrem
Inbegriff nach drei Zweige, welche mit dem
Stamme selbst wesentlich verknüpft sind, wovon
ein Zweig aus dem andern sich ableitet. Wir
wollen jeden Zweig insbesondere analysiren, um
den ganzen Stamm jener Staatsfrage heraus-
zubringen, welche nun an Wichtigkeit alle übrigen aufwiegt, weil daraus das sturmfeste Ge-
bäude des künftigen Friedensschlußes errichtet
werden soll. Also

Was soll das teutsche Reich bei den der-
maligen Kriegsverhältnissen thun?

Diese

Diese Frage will eigentlich so viel sagen: welche konstitutionelle Pflichten verbinden die Für̄ten und Stände des teutschen Vaterlands, die künftigen Staatshandlungen in Hinsicht auf Krieg und Frieden mit den Neufranken nach den neuen Bedürfnissen einzurichten, da bereits die kaiser̄lichen Waffen die Grundlage zur rühmlicheren Vollendung des Reichskrieges bewerkstelliget hāben? Man sollte denken, so eine Frage wäre überflüßig. Jedes öffentliche Reichsstaatsgeschäft sezt schon die gehörige Kenntniß voraus, welche Pflichten demselben der teutschen Konstitution gēmäß ankleben. Schon mit dem Entwurf der allgemeinen Reichskriegserklärung mußte auch die allgemein verbindliche Pflichtkenntniß gleichen Gangs einher gegangen, und die Realisirung derselben mußte damals zugleich mit beschlossen worden seyn. Die allgemein herkommlichen Grundgeseze, welche unsrer teutschen Verfassung ihre Konsistenze geben, wurden in dem Augen̄blick geltend, als man Ursache zu haben glaub̄te, über einen Krieg mit dem Feinde Teutsch̄lands zu rathschlagen, und als man den Ent̄schluß faßte, wirklich mit ihm anzubinden. Eben so mußte das allgemeine Gefühl der teutschen Staatsfache und Würde, der Gesammtwille, die Gesammtmacht jedes Glied des Reichskörpers lenken, und der Gesammtgeist mußte folglich das

ganze

ganze Staatstriebwerk von dem höchsten Oberhaupt bis zu dem untersten Reichsmitstande in
untrennbarer Kette beseelen, zu einem im allge-
meinem Verband vorgesteckten Zwecke hinzuar-
beiten. Gemeinschaftlicher Staatszweck foderte
folglich auch gemeinschaftliche Mittel; deren Anwendung, wiederum in allgemeiner Zusammenwirkung befördert, jenen Staatszweck in Blut
und Leben verwandeln sollte. Aus gleichen Ur-
sachen mußten sofort gleiche Wirkungen entstehen, und um alles ins kurze zu fassen, unent-
behrliche Konsequenze mußte die sichere Füh-
rerin des teutschen Reichs, oder vielmehr aller
Fürsten und Stände desselben ohne Ausnahme
werden.

    Diese Thesen von der Natur der Sache
abstrahirt, sind und bleiben unwiderleglich wahr,
so lange das teutsche Reich seine dermal beste-
hende Konstitution beibehält, und so lange keine
andere Verfassung an deren Stelle gekommen
ist. Diese Thesen sind so wahr, daß die Richtigkeit derselben gleich im Entstehen des Reichskrieges mit den Neufranken von Niemanden aus
dem Gremium der hohen Vorsteher bezweifelt
wurde; denn, wie wir eben sagten, um konsequent zu seyn, hätten sie keinen allgemeinen
Krieg erklärt, ohne zu wissen, was dabey zu
                  thun,

thun, oder wie er ausführbar sey, mit einem
Worte, ohne Kenntniß und Anwendung der konstitutionellen Pflichten eines jeden Reichsstandes
insbesondere, und aller zusammen in einen un-
umstößlichen Verband wäre keine allgemeine
Reichserklärung erfolgt. Aber leider! diese
Richtung nach allgemeinen Grundsäzen war von
keiner Dauer, und der das Ganze zerrüttende
Partheigeist verdrängte bald den grundgesezlichen
Gemeinsinn, wodurch bekanntlich Einheit und
Stärke theilweise verloren giengen. Es ent-
stand eine Verschiedenheit der Ideen, und Fol-
gerungen; denn man betrachtete sich hier und
dort nicht so fast mehr als Reichsstand, man
sah sich nur als einen Fürsten, als ein Indivi-
duum an, das für sich eigene Einbildung und
Gutdünken wählen könnte, und machte sich einen einseitigen Kalkul, nach dem auch die Handlungen umgestimmt worden, ohne auf das allgemeine Reichswesen Acht zu haben. Daher
die Abweichungen von den Prinzipen der teutschen Konstitution, daher die Trennung von der
Reichsstaatssache, daher das Heterogene des
Zweckes, und der Mittel, und daher die In-
konsequenze, welche die Schnellkraft des Reichskörpers abspannte, und welche die giftige Quelle
so vieler Uibel werden mußte.

Ge-

Gewiß ist iezt bei dem neuen Umschwung des kaiserlichen Waffenglücks, und der teütschen Verhältnisse zu der Neufrankenrepublik die einladenste Veranlassung da, das Vergangene wieder gut zu machen. Und eben so gewiß ist es, daß nur durch die Konsequenze nach konstitutionellen Grundsäzen sich die tiefen Wunden heilen lassen, welche durch ein inkonsequentes Benehmen der teütschen Verfassung und Wohlfahrt sind geschlagen worden.

Einmal muß jeder Reichsstand in einer entschiedenen öffentlichen Gemeinsache sein künftiges Benehmen bei diesem Reichskriege, um ihn so zweckmäßig zu endigen, wie man ihn angefangen hatte, auf allgemeine, der Reichsverfassung analoge Grundsäze reduziren — oder man müßte auf die Reichsstandschaft, zu der man sich doch bekennt, Verzicht thun, das teütsche Reich, wo heute Etwas beschlossen, und morgen wieder gebrochen wird, müßte ein Nonens werden, und man müßte offenbar und frei bekennen, daß man mit sich selbst im Widerspruch stehe. Teütschland darf doch von der Weisheit, und Vaterlandsliebe seiner Reichsfürsten und Stände hoffen, daß sie bei dem großen Friedenswerke die teütsche Verfassung und das Reichsbeste handhaben werden.

Hier

Hier sind meine Gründe, dies hoffen zu
dürfen. Der gegenwärtige Krieg mit den Neufranken ist ein teutscher Reichskrieg, welcher
allgemein das heißt, mit grundgesetzlicher Uebereinstimmung sämmtlicher Reichsstände und des
höchsten Oberhaupts, des Kaisers, zu einen gemeinschaftlichen Zwecke, durch eben so gemeinschaftliche Mittel entworfen, erklärt, und unternommen worden. Diese weltbekannte Thatsache
bedarf keines Beweises mehr.

Ein allgemeiner Reichskrieg ist auch eine allgemeine Reichsstaatssache, ein öffentliches Staatsgeschäft, welches im konstitutionellen Verband
des ganzen Körpers sein Daseyn und seine pragmatische Sanktion erhalten hat. Dieser Vordersatz gründet sich auf folgenden Beweis.

Ein öffentliches Staatsgeschäft des teutschen
Reichs ist ein Geschäft, dessen Gegenstand das
Ganze umfaßt, wesentlichen Einfluß auf irgend
einen innern Theil der teutschen Verfassung oder
Staatsangelegenheit hat, und gemeinschaftliche
Zusammenwirkung im Auseinandersetzen und Entscheiden fodert; ein Geschäft, bei dessen Vollführung es nicht nur auf das Wohl oder Uebel einzelner Glieder, sondern des gesammten Körpers
ankommt, woran jeder Reichsstand für sich insbeson

besondere, und alle zugleich in einer dinglichen
Anreihung der kombinirten Verhältnisse Theil zu
nehmen verpflichtet sind; ein Geschäft folglich,
welches, um unternommen, und vollendet zu werden, durch einen allgemein übereinstimmenden
Reichsschluß, durch Rathschlagung und Begut-
achtung aller Fürsten und Stände, dann der
dazu gefügten Ratifikazion des höchsten Oberhaupts des Kaisers zu einem öffentlichen Reichsstaatswerk in vollkommen legaler Wirkung einge-
weiht werden muß. Aus diesem ergiebt sich
von selbst, daß Zweck und Mittel in Rücksicht
auf ein so geartetes Staatsgeschäft des teutschen
Reichs auch allgemein gewählt, und daher mit
allgemeiner Verbindlichkeit verfolgt werden müssen. Es ergiebt sich hieraus ferner von selbst,
daß kein Reichsstand, welcher einmal seine Stimme zur Schlichtung eines solchen das Ganze be-
treffenden Staatsgeschäfts gegeben hat — (und
diese Stimme wird und kann er nicht versagen,
eben aus dem Grunde, weil von einem allgemeinen Gegenstande des Reichs die Rede ist,
bei dessen Entwurfe die Stimmenmehrheit ent-
scheidet) — von dem angenommenen Plane
solch' eines Staatsgeschäfts nachher aus Privat-
absichten, und Nebenplanen abzugehen nicht be-
fugt, sondern dem endlichen Ausgang der Reichsstaatssache in Kraft der allgemeinen Verbündniß
sen

sen abzuwarten angewiesen ist. Und trennt deß
ungeachtet sich ein Glied von dieser konstitutionellen Kette, indem es sich Schritte gegen das
sanktionirte Gesammtwerk des teutschen Reichs
erlaubt, so ist dies einseitige und eigenmächtige
Handlung, welche eine schädliche Abart von dem
teutschen Verfassungsgeist wird, so geschieht eine
offenbare Verletzung des Grundsystems, ein Selbst-
riß aus der allgemeinen Kette, ein Bruch gegen
den bestehenden Reichsverband, Ausgleitungen von
der Gemeinstrasse, welche Verworrenheit in Meinungen und Zwietracht, und Lähmung des öffentlichen Geschäftsgangs zur Folge haben.

Für die Wahrheit jenes so eben dargestellten Hauptsatzes, dessen Richtigkeit kein Unbefan-
gener verkennen wird, spricht die Konstituzion,
spricht das Herkommen des teutschen Reichs,
spricht selbst die gegenwärtige Verhandlungsme-
thode bei öffentlichen Staatssachen am Reichstage, und namentlich noch die reichsstandschaftliche Aeusserung, der Mehrheit nach genommen,
bei dem allgemeinen Reichskriege mit der Neu-
frankenrepublick.

Dieser allgemeine Reichskrieg nun aber er-
scheint in der karakteristischen Gestalt eines öffentlichen Staatsgeschäfts, einer allgemeinen
Reichs-

Reichsstaatssache, wenn wir ihn nach allen Bestandtheilen des ganzen und wahren Bilds betrachten, welches wir von einem öffentlichen Reichsstaatsgeschäfte entworfen zu haben glauben. Auch der Mittelsaz beweiset sich selbst gleichsam aus der Natur dieses Reichskrieges. Mit allen Eigenschaften und Attributen welche ein öffentliches Staatsgeschäft eine Gemeinsache des teutschen Reichs bezeichnen, finden wir ihn gestempelt. Daß dieser Krieg, mit dessen erwünschlichen Ausgleichung man sich jezt in Kabineten, im Streitfelde, und am Reichstage beschäftiget, kein Partikularkrieg nur eines, oder mehrerer Reichsstände sey, wohl aber daß er ein Krieg sey, welchen alle Glieder des konstitujionellen Staatskörpers in Vereinigung mit dem höchsten Oberhaupte zusammen für ihre Sache angesehen, anfänglich mit Unanimität aller Komizialstimmen in bester Form der Verfassung und des Reichsherkommens berathschlagt, durch einen solennen Reichsschluß angekündigt, und werkthätig gemacht haben, dies ist wiederum weltbekannte Thatsache, welche in Abrede stellen zu wollen Unsinn wäre.

Dieser Reichskrieg ward daher als ein Gegenstand betrachtet und behandelt, welcher das Gesammtinteresse des teutschen Staats betraf, als ein Gegenstand, von dessen Bearbeitung die

Wohl

48

Wohlfahrt, oder der Nachtheil des Ganzen ab-
hieng, als ein Gegenstand, an den die allgemeine Theilnahme das Augenmerk aller Fürsten
und Ständen einschlüßlich geheftet war. Die
Ausführung eines so belangreichen Gegenstandes
ward daher als ein Geschäft betrieben, welches
den Beitritt und die Zusammwirfung zu einem
Zwecke, und durch gemeinschaftlich eingeschlagene
Mittel nothwendig gemacht. Jeder einzelne
Mitstand, und alle vereiniget hatten einen und
den nämlichen Zweck, und dieser gemeinschaftlich
vorgesezte Zweck war kein anderer, als die Wiederherstellung der teutschen Gerechtsamen und
Lande, die Aufrechterhaltung der vaterländischen
Verfassung. Eben so allgemein war die Wahl
der Mittel zur Erreichung dieses großen Staats-
zweckes. Und diese Mittel waren die allgemeine
Führung des erklärten Reichskrieges, die stand-
hafte Fortsetzung desselben zur Verfolgung jenes
Staatszwecks, die konstituzionelle Zusammenwirkung aller hohen Vorsteher unter dem Schuze
ihres Oberherrn in Berichtigung der Reichsarmatur, der verhältnißmäßigen Kontingente, und
Präfazionen nach dem reichsgrundgesezlichen
Maasstab, und nach dem Erforderniß der Umstände. So ein Geschäft wie der Reichskrieg
mit den Neufranken, war daher ein öffentliches
Staasgeschäft, eine Gemeinsache aller Reichs-
                                          stände

ſtände, und des höchſten Oberhaupts zugleich.
Aus dieſen Prämiſſen, deren Gründlichkeit alle
in der Vorrathskammer der politiſchen Fineſſen
hervorgeſuchten Einwürfe entkräftet, fließt die
reinſte Hauptſchlußfolge:

> Die reichsſtändiſchen Pflichten der teut-
> ſchen Konſtitution geben alſo die un-
> ausweichliche Anweiſung, den Reichs-
> krieg, als ein öffentliches Reichs-
> ſtaatsgeſchäft, als ein grundgeſezli-
> ches Gemeinwerk im Zuſammenhang
> aller Mitglieder mit ihrem Ober-
> haupt zu behandeln und zu vollen-
> den.

Da nun ſofort der allgemeine Reichskrieg
in obiger Eigenſchaft nach zweckmäßiger Vollendung den Frieden bewirken muß, weil ein
Krieg ohne Friede nicht denkbar iſt, ſo folgert
ſich von ſelbſt hieraus, daß dieſer allgemeine
Reichskrieg mit den Neufranken auch einen
allgemeinen Reichsfrieden erzeugen, und
dieſer an jenen ſich in unmittelbarer Folgen-
reihe ankörnen müſſe. Es folgert ſich hieraus,
daß der allgemeine Reichsfriede ebenfalls als

D   ein

ein öffentliches Staatsgeschäft, als ein ständi-
sches Gemeinwerk nach den Vorschriften der
teutschen Konstitution verhandelt, und geschlossen
werden müsse. Es folgert sich hieraus weiter,
daß dieser allgemeine Reichsfriede, aus dem als
einer gleichartigen Angelegenheit ein ähnlicher
Theilnehmungsstoff des Reichsinteresse entsteht
nicht anders als zu einem gemeinschaftlichen Staatszwecke, und durch vereinigte Mittel in grund-
gesezlichem Reichsverband erzielt werden könne.
Dieser Gemeinzweck des allgemeinen Reichsfriedens ist wiederum der nämliche wie bei dem
Reichskriege (denn Ursache und Wirkung haben eine essenzielle Verbindung miteinander) die
Aufrechthaltung der teutschen Gerechtsamen und
Verfassung, die Wiederergänzung des Verlor-
nen, und die Mittel, diesen Zweck zu verfolgen,
tragen auch das Gepräge der Allgemeinheit;
diese Mittel sind der abgenöthigte Gebrauch der
Waffen, die pflichtmäßige Kriegsoperazion an
Armatur und Kontingentserstattung, kurz die
konstitutionelle Einwirkung des ganzen Reichskörpers in das öffentliche, allgemeine Reichsstaatsgeschäft des Reichsfriedens. Beide Reichs-
staatssachen, als der allgemeine Reichskrieg,
und der allgemeine Reichsfriede fließen ihrer
harmonischen, innigst verwandten Natur gemäß
in einen Brenupunkt zusammen, und können
alſo

also auch ohne illegale Hinderniſſe des Trieb-
werks ohne konſtitutionswidrige Antaſtung des
Verbands nicht abgeſondert werden.

Der Reichsfriede alſo mit den Neufranken, wie der Reichskrieg, kann nur durch den
konſtitutionellen Beitritt ſämmtlicher Fürſten und
Stände mit ihrem Oberhaupt ſeine Exiſtenz
erhalten.

Dies war und iſt Konſequenz, welche
gleich vom Anbeginn der Reichskriegserklärung
bis auf die heutigen Tage den hohen Vorſte-
hern der Leitfaden ihrer Handlungen ſeyn mußte, und bis zum Friedenswerk bleibt.

Wenn früh oder ſpät eine Trennung irgend eines Glieds von der Gemeinſache des
Ganzen, zu deren vollen Handhabung das hohe
Reichsgremium verpflichtet iſt, geſchieht, wenn
man von dem öffentlichen Staatsgeſchäft ab-
ſieht, und ſich ein einſeitiges Privatgeſchäft dar-
ausmacht, mit dem Feinde in Separatverhält-
niſſe zu treten, und folglich ſo den Reichsbe-
dürfniſſen bei dem allgemeinen Reichsfrieden, als
einer homogenen Folge des Geſammtkrieges, die
gehörige thätige Einwirkung verſagt — ſo heißt
dies inkonſequent handeln, ſo wird ein eigen-

D 2   mäch-

mächtiger Ideengang auſſer dem geſeʒlichen Konſtitutionswege aus Privatrückſichten gewählt, welche gegen den Verband des teutſchen Reichs, und die konſtitutionellen Pflichten aller Stände ſtreiten.

Jene Konſequenz, welche wir bei dem gegenwärtigen Reichskriege, und bei dem künftigen Reichsfriedensſchluſſe als das einzige Fundament angeführt haben, ſtüʒt ſich auch ſchon auf die wirkende teutſche Verfaſſung und deren Grundgeſeʒe. Hiernach denn ſind öffentliche, allgemeine Staatsgeſchäfte, deren Belang das Ganʒe berührt, von reichsſtändiſchen Privatgeſchäften und Hausangelegenheiten, welche jeder Landeshoheit ankleben, wohl. ʒu unterſcheiden. Jene können nur durch die Stimmenmehrheit, durch die Einwilligung ſämmtlicher Fürſten und Stände, durch einen verbandmäßigen Reichsſchluß ihre Kraft und Sanktion erhalten; dieſe können von jedem Fürſten aus eigener Territorialgewalt in ſeinen Landen ausgeübet werden, doch in ſo fern, wie Grotius es erläutert, die Handlungen der Landesherrſchaft den Rechten eines dritten Mitſtandes nicht entgegen ſind. Denn darinn hatten ſich der Kaiſer und die Stände ʒuſammen einander ſelbſt die Garantie geleiſtet, daß einzelne Handlungen den teutſchen

Grund-

Grundgesetzen nicht widersprechen, und keinen schädlichen Einfluß in das Ganze haben.

Das Reichsherkommen, die Konstitution selbst, und alle Aktenstücke des teutschen Reichs bekräftigen den Grundsatz: daß Fürsten und Stände in wichtigen öffentlichen Staatsgeschäften als ein Körper zu betrachten seien, und daß folglich in Sachen, welche das Reich in der Eigenschaft einer gesellschaftlichen Gemeinversammlung angehen, und wodurch keinem von den Ständen eine besondere Beleidigung zugefügt wird, Einheit im Gesammtwillen mit dem höchsten Oberhaupte, und Stimmenmehrheit erfodert werde, und ein Geschäft der Art nur die vollgültige Kraft gewinnen könne. Daher kommen auch die Zeugnisse der erfahrensten Lehrer und Ausleger des Staatsrechts darinn überein, daß schon die Natur der teutschen Reichsverfassung dem größesten Theile der im Reichsrathe Sitz und Stimme besitzenden Stände die rechtliche Befugniß zuspreche, in großen den ganzen teutschen Reichskörper belangenden Staatsgeschäften, und zumal in solchen, worinn es auf Schließung von Bündnissen, und auf die Wohlfahrt und die Erhaltung des Reichs bei drohenden Gefahren ankommt, Dekrete zu verfassen, und zur Befolgung dieser Dekrete den minderen dem

D 3   Ge-

Gesammtintereffe widerfprechenden Theil zu verbinden, und allenfalls auch zu zwingen.

Ein Krieg oder Friede des Reichs gehört vorzüglich in die Klaffe folcher Univerfaldekrete, und dahin zielt felbft das Weftphälifche Friedensinftrument, ein Grundgefetz, auf welches man fich in Staatsfällen immer zuerft zu beziehen pflegt, da es den größeren Theil der Stände über den geringeren fetzt, wenn Dekrete im Namen des Reichs follen gegeben werden. Der fo berühmte achte Artikel räumt diefes Recht den Reichsftänden in klaren Ausdrücken ein, wie nämlich in Reichsgefchäften, befonders wenn Friede und Bündniffe zu fchlieffen find, die freie Comitialftimme und Einwilligung aller Stände entfcheiden müffe. Die Ausleger diefer Stelle beweifen mit Hilfe der Reichsobfervanz, daß jene reichsftändifche Einwilligung bei Friedensfchlüffen, und Staatsbündniffen, als Fällen, welche in das Ganze einwirken, nur als Mehrheit der Stimmen zu verftehen fey; und daß der mindere Theil, der einem fo beftellten Staatsgefchäfte entgegen fich fträuben wollte, nicht zu achten, fondern als einwilligend anzufehen fey in Sachen, welche das allgemeine Befte, und den ganzen Reichskörper betreffen.

Der

Der Kaiſer ſelbſt als das Reichsoberhaupt, deſſen Vorrechte in allen Wahlkapitulationen immer mehr, und vielleicht ſchon zu viel, und zum Nachtheil der teutſchen Würde und Verfaſſung geſchmälert worden ſind, iſt von der teutſchen Konſtitution eingeſchränkt, einen Reichskrieg zu erklären, und einen Reichsfrieden für ſich allein zu ſchlieſſen, oder auch andere Bündniſſe und Vorkehre in Reichsſtaatsangelegenheiten zu treffen, welche nur durch die Einwilligung der Stände und die Ratifikation des Oberhaupts im teutſchen Reichsverband, worinn die Majeſtät Germaniens ſich darſtellt, in grundgeſetzliche Rechtskraft übergehen. Merkwürdig, und wie uns dünkt, relativ an dieſem Orte iſt eine Stelle in der Wahlkapitulation Karls VI. wir finden deshalb für gut, ſie wörtlich hier beizufügen:

Daß Ihro Kayſerl. Majeſtät ſich wolten aller Aſſiſtenz, daraus dem Reich Gefahr und Schaden entſteht, gänzlich enthalten, und wenn ſie auch ins künftige Ihrer eigenen Landen halber einige Bündniſſe machen würden, ſo ſolle ſolches anderer Geſtalten nicht geſchehen, als unbeſchädiget

get des Reichs, und nach Inhalt
des Inſtrumenti pacis, und daß alle
declarationes contra jus tertii für
null und nichtig zu erklären.

Sehr klar deckt dieſe bedeutungsvolle Stelle
die Grundverhältniſſe des teutſchen Reichskörpers, die Verhältniſſe zwiſchen dem höchſten
Oberhaupt, und den ſämmtlichen Mitgliedern und
Reichsſtänden auf. Der Kaiſer macht ſich verbindlich, kein öffentliches Staatsgeſchäft eigenmächtig und ohne den Komitialbeitritt der Stände zu unternehmen, nichts zu thun, was den
Rechten eines dritten Nachtheil zuziehen, nichts
was die Verfaſſung oder das Heil des teutſchen Reichs verletzen könnte; dem Kaiſer ſetzt
das Weſtphäliſche Grundgeſetz Schranken, Bündniſſe und Schlüſſe zu machen, welche vorher
nicht das geſammte Reich begutachtet hat; der
Kaiſer ſelbſt kann alſo nicht mehr von einer
Sache abgehen, welche einmal durch die konſti-
tutionelle Sanktion zum allgemeinen Reichsſtaats-
werke geworden iſt; er kann alſo auch nicht
mehr einem Reichskriege ſich entziehen, der allgemein beſchloſſen worden, er kann alſo keinem
Reichsfriedensſchluſſe ausweichen, und kann nun
mit ſeinem Beitritt zu dem Ganzen demſelben
ſeine Konſiſtenze mittheilen.

Um

Um so mehr läßt sich folgern, daß ein
Reichsstand an solche Grundgesetze, ohne deren
unveränderte Befestigung das Ganze nicht bestehen kann, gebunden sey; um so mehr wird
ein Reichsstand das Gemeinbeste, und den Gesammtwillen bei seinen Handlungen in sanktio-
nirten Staatssachen beobachten müssen. Um so
weniger wird ein Glied von der allgemeinen
Kette sich losreissen, zum Nachtheil des Reichs
Privatbündnisse eingehen, und gegen das Gesammtinteresse von dem allgemeinen Reichskrieg
oder Reichsfriedensschlusse sich entfernen können,
ehe solch ein Staatsgeschäft im konstitutionellen
Verein vollendet ist, und zwar um so weniger
wird sich ein Reichsmitstand von seinen Pflichten in einer Gemeinsache losbinden können, zu
welcher er vorher selbst seine feierlichste Stimme
gegeben und aus Pflicht mitgewirkt hat.

Nach diesen grundgesetzlichen Verhältnissen
des teutschen Reichs muß die dermalige Kriegs-
und Friedenssache betrachtet werden. Und nach
diesem Geiste der teutschen Verfassung, welcher allein der wahre das Ganze verwahrende
Schutzgeist ist, fällt unsere Staatslehre selbst
das Urtheil über das einseitige Benehmen eines
und des anderen Reichsstandes, ohne daß wir
Etwas hinzufügen dürfen.

Al.

Allein dies alles ist vergangene Sache. Zeitbedürfniß, Pflicht und Vaterlandsliebe ermahnen jetzt mehr als jemals das teutsche Reich, und dessen hohe Vorsteher für die Zukunft bessere Sorge zu tragen, und schleunige Maasregeln zu treffen, welche wiederum Ersaz für den Verlust werden können. Was der inkonsequente Geist einer Privatpolitik Böses gegen das Wohl des teutschen Reichs angerichtet, kann und muß der Geist der Konsequenze, auf vaterländische Grundgesetze gebaut, vergüten, dieser allein kann und muß die Staatslücken ausfüllen, welche aus einiger Zerrüttung des Systems entstanden sind. Lasset uns also das Resultat der dringenden Staatsfrage auffassen:

Was soll das teutsche Reich bei den nunmehrigen Kriegs- und Friedensverhältnissen thun?

Die Auflösung wird durch die systematische Erörterung des bereits Vorausgeschickten sehr erleichtert und vereinfacht. Das teutsche Reich muß jetzt die konstituionellen Pflichten ausüben, und die zweckmäßige Anwendung der allgemeinen Grundgesetze, welche schon beim Anfang des vorliegenden Staatswerks eintreten sollten, muß jetzt

jezt nur befördert und verdoppelt werden, da bei
der neuen Richtung der kriegerischen Auftritte die
scheinbaren Schwierigkeiten um vieles gemindert,
und durch die kaiserlichen Waffen die schönsten
Früchte des Friedens zu hoffen sind. Jezt sucht
wohl die listigste Politik vergeblich einen Scheingrund auf, die fernere Läßigkeit oder Nichtwir-
kung, und noch weniger eine gesezwidrige Gegen-
wirkung zu entschuldigen.

Jezt würde gewiß die Folgerung bis ins
unendliche ausholend seyn, es hätte der schädliche Reichskrieg gegen die Neufranken gar nicht
sollen unternommen werden: also müsse man davon abstehen: denn dieser Schluß wäre so in-
konsequent, als man nur immer einen machen
könnte. Der Reichskrieg gesezt er wäre besser
für Teutschland und vielleicht zum grösseren Nachtheil Neufrankreichs unterblieben, ist einmal allgemein dekretirt, erklärt und unternommen worden: er ist also Faktum, welches nicht mehr in
Nichtfaktum verwandelt werden kann; nun ist er
eben dadurch allgemein verbindlich geworden, als
ein öffentliches Reichsstaatsgeschäft; und als sol-
ches muß er also, der richtigen Konsequenze nach,
auch bis zur Herstellung des Reichsfriedens allgemein ausgeführt werden.

Die

Die konstituzionellen Pflichten sollen jetzt jeden Reichsstand zur unverzögerten und kräftigen
Zusammenwirkung bei der allgemeinen Staatssache aneifern, und zwar zuvörderst einen Reichsstand aneifern, welcher stärkere Macht und Mittel besitzt, folglich auch mehr Obliegenheit hat,
die Sache des Vaterlands gegen feindliche Be-
einträchtigungen zu vertheidigen. Man soll mit
desto mehrerem Vergnügen, und mehrerm Muth
Hand an das große Gemeinwerk legen, je siegrei-
cher nun die kaiserlichen Heerhaufen dem vorhin
unstäten Kriegsglücke eine neue Schwungkraft gegeben haben. Welche heitere Ansichten öfnen sich
dem Beobachtungsauge des redlichen Patrioten?
Der linke Flügel des Rheinufers ist bereits von
den feindlichen Ungeheuern gereiniget, auch der
rechte Flügel ist eine lange Strecke hin, beinahe
bis an Frankreichs Gränzen von den triumphi-
renden Oestreichern und einigen Reichstruppen
gedeckt; nun fehlt nichts mehr, als daß man
endlich mit vereinten Kräften den Arm der lö-
wenherzigen Sieger gegen den schon entmannten
Feind unterstütze, das jeder thue, was seine
Pflicht von ihm fodert, daß man hinabarbeite
mit aller möglicher Gesammtmacht zu dem allgemeinen Staatszwecke, durch allgemeine Mittel.

Die-

Dieser allgemeine Staatszweck ist der Friede, aber nur der Friede des ganzen teutschen
Reichs; so wie der Reichskrieg ein öffentliches
Geschäft, eine Gemeinsache ist, so muß auch der
Friede eine konstituzionelle Angelegenheit aller
Fürsten und Stände seyn, er muß in dieser Rücksicht betrachtet und betrieben; ein allgemeiner
Reichsfriede werden. Allgemeinheit und Annehmlichkeit sind desselben Grundeigenschaften,
welche durch Partikularabsprünge von dem Reichs-
verfassungswege vernachläßiget, oder gar vereitelt
werden. Wie kann der künftige Friede mit den
Neufranken allgemein werden, wenn sich schon
jezt während dem Reichskriege manche Spaltun-
gen ereignen, wenn schon jezt Privatpolitik der
Gemeinsache und den in der Konstituzion begründeten Reichserfordernissen sich entzieht?

Aber noch mehr: wie kann ein annehmlicher Reichsfriede zu Stande kommen, wenn nicht
alle Fürsten nach Verhältniß ihrer Kräfte mit
gleich warmer Theilnahme an dem Wohl des
Ganzen mitwirken, und in vaterländischer Eintracht die möglichst bessten Mittel aufbieten, um
den erhabenen Zweck zu erringen, welcher der
teutschen Wohlfahrt und Würde angemessen ist?
Nur Allgemeinheit in Grundsätzen und Handlungen kann die Annehmlichkeit des Friedens, somit

auch

auch die Erreichung des Zweckes verschaffen. Wiederergänzung alles dessen, was durch einen erzwungenen Krieg abgenommen worden, Integrität des teutschen Reichs, und, wo möglich, Schadloshaltung für die ordnungswidrigen, oft unmenschlichen Erpressungen und Raubereyen, welche Neufrankens Heere auf teutschem Boden an teutschen Fürsten und Bürgern verübt haben, machen den erhabenen Staatszweck aus, nach dem alle Reichsstände im konstituzionellen Verband zu trachten verpflichtet sind, und den selbst die Reichskonklusa als den einzigen wahren Zweck angeben. Und wenn dieser Zweck von dem Reichsfeinde auf eine gütliche Art nicht erreicht werden kann, so sind gemeinschaftliche Anstrengung in verfassungsmäßiger Herstellung der Miliz, und der Geldbeiträge, die mächtigste Rüstung zu dem baldigen Feldzuge die einzigen Mittel, zu jenem Zwecke zu gelangen. So nur kann ein allgemeiner und annehmlicher konstituzioneller Reichsfriede entstehen; Widersprüche, Mangel an Kriegsoperazionen, Verweigerung der reichsständischen Verbindlichkeiten, und absichtliche Beseitigung von der Gemeinsache sind jenem Zwecke entgegen, und folglich Auswüchse gegen die teutsche Verfassung.

Die Echtheit dieser ungezweifelten Grundsätzen erkennen selbst die hohen Vorsteher am Reichs-

Reichstage; sie führen die nämliche Sprache in dem Reichsgutachten vom 3. Jul. 1795 die Einleitung zu einem annehmlichen Reichsfrieden betreffend. Daselbst heißt es ausdrücklich:

Daß sofort der beharrliche Wunsch und Entschluß des Reichs dahin gerichtet bleibe, in ungetheilter unwandelbarer Vereinigung sämmtlicher Reichsstände mit dem Reichsoberhaupte einen allgemeinen Reichsfrieden im Wege der Konstituzion, und durch derselben Wiederherstellung der Integrität seines Gebiets und Sicherheit seiner Verfassung je eher je besser auf eine dauerhafte Art zu erhalten.

Nichts kann unsere Darstellung der konstitutionellen Pflichten bei der Beendigung des gegenwärtigen Reichskrieges in ein helleres Licht setzen, und derselben Wahrheit mehr bestätigen, als eben dieses öffentliche Reichserkenntniß. In dem

dem nämlichen Reichsgutachten wird sogar die
merkwürdige Vorsicht getroffen, Sr. königl. Majeſtät von Preuſſen das Gemeinwerk des Reichs
zu empfehlen, und zwar dahin

Daß zur gewiſſeren Erreichung dieſes
Zweckes (der Integrität u. d. g.) Ihrer Majeſtät dem Könige von Preuſſen das zuverſichtliche Vertrauen und
der Antrag des Reichs zu erkennen
zu geben ſey, daß Höchſtdieſelbe zur
Erreichung eines allgemeinen, die Integrität und die Verfaſſung des Reichs
ſichernden Friedens nach Ihren öfte-
ren freiwilligen troſtvollen Verſiche-
rungen Ihre beihülfliche Verwendung und Mitwirkung eintreten zu
laſſen geruhen werden.

Dies iſt der offizielle Ausdruck aller reichsſtändiſchen Verhältniſſe, dies iſt der Inbegrif der
konſtizuionellen Pflichten eines jeden Reichsſtan-
des ohne Ausnahme. Allgemein alſo, annehmlich und auf den Staatszweck arbeitend muß
der

der Reichsfriede im Wege der Konstituzion, und
in ungetheilter Vereinigung sämmtlicher Reichsstände mit dem höchsten Oberhaupte werden.
Se. Kaiserliche Majestät haben auch (nach
der dankbaren Erklärung eben desselben Reichs-
gutachtens) die nähere Bestimmung, wie
das besonders vorbehaltene Hinzuthun des
Reichs, und dessen Concurrenz zu den Frie-
densunterhandlungen in Wirklichkeit und
Ausübung gebracht werden solle, frühzei-
tig zu verlangen, und zu Eröfnung aller
Mittel und Wege, welche man zu Erreichung des großen Zweckes eines dauerhaf-
ten und anständigen Friedens beförder-
lich erachtet, die Veranlassung durch das
höchstverehrliche Hofdekret vom 19ten Mai
der allgemeinen Reichsversammlung zu geben geruhet.

Das höchste Reichsoberhaupt äußert hier-
inn sein Befremden, daß von Preußen in einer abgesoderten schriftlichen Erklärung, statt
eines der Reichs-Fundamental-Konstitu-
tion, und besonders dem Zwecke des
Westphälischen Friedens entsprechenden
billigen, annehmlichen, gerechten und anständigen Reichsfriedens, blos ein leidlicher
Friede beabsichtiget werden wolle. Die reichs-

E   väter-

väterliche Beruhigung mußte bei der so auffal-
lenden Umstimmung des vaterländischen Gemein-
geistes um so mehr geschwächt werden, als
durch die erfolgten Separatfrieden die Lage der
vorherigen Verhältnisse in mancher Rücksicht sehr
umgeändert, und der Kaiser überzeugt wurde,
wie wenig man von einer Seite zu der ver-
fassungsmäßigen Abschließung eines erwünschlichen Reichsfriedens mehr beizuwirken gedenke.

Das teutsche Reich soll sich nur mit einem leidlichen Frieden begnügen? Worin
dieser bestehen solle, erfuhren wir aus den
Machtsprüchen des Nationalkonvents. Man
verwarf Dännemarks Vermittelung und des
Kaisers Vorschläge zu einem die Ehre Teutschlands rettenden Frieden, man wollte nichts von
Waffenstillstand, nichts von Einstellung der
Brandschatzungen und Verheerungen hören; man
gieng im Eigendünkel, und im Uebermuth, ge-
stärkt durch die teutschen Mißtöne und Abson-
derungen so weit, daß man den Rhein zur
ewigen Grenzlinie von Neufrankreich bestim-
men wollte.

Und solch' ein leidlicher Friede sollte von
den Republikanern dem teutschen Reiche in
Basel vorgeschrieben werden? Und dazu sollte
auch

auch ein teutſcher Reichsſtand ein Werkzeug ab-
geben? — Und dieſen leidlichen Frieden,
welcher kein Reichsfriede, ſondern ein einſeitiges Uſurpationswerk wäre, ſollten ſich der
Kaiſer und die übrigen Mitſtände, ihrer vater-
ländiſchen Anhänglichkeit an das Reichsſiſtem
zuwider, gefallen laſſen? — Faſt dürfte man
ſo ein Projekt unter die Unmöglichkeiten zäh-
len, ſo überſteigt es allen politiſchen Glauben,
wenn die häufigen Paradoxien unſers Zeitalters
und zumal am Ende dieſes Jahrhunderts den
ruhigen Beobachter noch in Verwunderung ſe-
tzen könnten!

Da inzwiſchen die Reichskriegsumſtände
eine günſtigere Geſtalt bekamen, und des höchſten Oberhaupts raſtloſer Vatereifer, ſo wie
der öſtreichiſchen Heere ſiegende Tapferkeit den
anmaßlichen Diktatoren in Baſel mäßigere Gedanken einflößten, ſo hat man ſich endlich auch
in Paris von dem Dreifuße herabgelaſſen, und
man ſcheint ſich bereitwillig zu zeigen, einem
allenfalls noch leidlicheren Friedenswerke Gehör
zu geben, welches der im Stillen ſchleichende
Gährungsgeiſt der Nation und die innere
Schwäche des Staats abnöthigen. Aber deß-
ungeachtet beharrt man noch immer ſelbſt bei
dem neuen Direktorium, von dem man ſich

mehr

mehr Klugheit und Mäßigung versprechen dürfte, auf dem Entschlusse, die österreichischen
Niederlande, und das Bißthum Lüttich, welche
bereits der neurepublikanischen Regierung ein-
verleibt sind, als eine Ausbeute der Eroberungssucht beizubehalten. Dies zu behaupten ver-
ordnet man wirklich fürchterliche Zurüstungen
zu einem frischen Feldzuge (wenigst fürchterlich
dem Anschein nach für denjenigen, der sich
gern schrecken läßt) man rafft jeden Funken von
Nationalkraft, den einzigen lezten Rest von
Macht auf, und saugt den lezten Tropfen
Mark noch aus dem Lande, weil man aus
Nationalstolz von den Vergrößerungsabsichten,
die man einmal öffentlich der Welt vorgelegt,
nicht mehr abgehen will, oder (richtiger und
aufrichtiger zu sagen) weil die Beherrscher der
Frankenrepublik von dem ausgestreuten Saamen
des Unkrauts im teutschen Reich Früchte für
sich zu ärnten hoffen.

- Und das teutsche Reich soll bei der äuf-
sersten Anspannung seiner Feinde die alte mann-
bare Nationalkraft verleugnen, soll bei der ge-
rechtesten Sache des Vaterlands auf Ehre,
Würde und Gut Verzicht thun, soll sich durch
einseitige Entfernung von dem Konstitionswege
den feindlichen Raub der mütterlichen Erde, des
teut-

teutſchen Gelds und Rechts von den Drohun-
gen der Republikaner abſchrecken laſſen? Das
teutſche Reich ſoll Belgien ein ſo ſchönes reich-
haltiges Stück des burgundiſchen Kreiſes ſelbſt
mit Beitretung eines und des andern Reichs-
gliedes, verſchleudern wollen, und dies etwa
aus Dankbarkeit für die in der Geſchichte beinahe unerhörten Aufopferungen des höchſten
Oberhaupts, um Teutſchlands Eigenthum, guten Namen und Sicherheit von den neufränkiſchen Plünderern zu ſchützen? Sollte man vielleicht hier und dort die Schwächung Oeſtreichs,
welches ſich durch Vaterlandsliebe entblößet, be-
zielen — um mit Nichtsthun ſich zu erheben?—
Das teutſche Reich im Ganzen kennt und ver-
ehrt ſeine Konſtitution, und die daraus flieſſen-
den Pflichten zu gut, als daß es ſich ſelbſt, ſeinem eigenen Geſammtintereſſe entgegen arbeiten
und dem Feinde den Vortheil in die Hände
ſpielen möchte.

Unmöglich kann ſich das Vaterland vor-
ſtellen, daß es von Fürſten und Reichsſtänden
verlaſſen werde, in einem Zeitpunkte, da die
Konzentration ihrer ernſtlichen Hülfe den bereits
entkräfteten Feind noch mehr zu demüthigen, das
weitere Unheil zu verſcheuchen, und überhaupt
einen ehrenvollen Frieden zu bezwecken vermag.

E 3 　　　　Un-

Unmöglich können die Fürſten des teutſchen Reichs,
welche im konſtitutionellen Einverſtändniß unter
ſich und mit dem höchſten Oberhaupte die Gemeinſache zu verfechten entſchloſſen ſind, und welche doch gewiß den größten Theil ausmachen,
ſich mit der Beſorgniß länger quälen, es dürfte
bei einem oder dem andern ihrer Mitſtände die
Treue für des teutſchen Reichs Aufrechthaltung
wanken, es dürfte politiſche Kaprize die patriotiſche Anſchlieſſung an den grundgeſetzlichen
Reichsverband verhindern, und es dürfte Privat-
intereſſe, verbunden mit gemeinſchädlichen Neben-
abſichten, das allgemeine Beſte des geſammten
teutſchen Reichs jezt noch unterdrücken helfen, da patriotiſche Energie und werkthätige Vereinigung aller Glieder mit dem ganzen Staatskörper allein der gewaltigen Kriſe den Ausſchlag
geben, und das erſprießliche Ende eines Krieges
herbeiführen ſoll, welcher die Rechte und Länder
der Fürſten, wie das Eigenthum der Bürger
verſchlungen, und namenloſes Verderben über
das Vaterland verbreitet hat.   Unmöglich kann
das teutſche Reich Fürſten in ſeinem Buſen nähren, welche lieber ſelbſt zum Sturze als zur
Wohlfahrt ihrer Mitfürſten ſich verwenden, lieber der feindlichen Anarchie, als der vaterlän-
diſchen Verfaſſung anhängen, ſofort lieber das
Unglück als das Glück Teutſchlands befördern
wol-

wollen. So sehr können sich teutsche Reichsfürsten nicht vergessen, und der Patriot müßte
sich, so was nur zu denken, als Majestätsverbre-
chen anrechnen. Die Fürsten und hohen Vorsteher des teutschen Reichs sind in keinem so
mitleidswürdigen Nothdrange, daß sie, ihrer
Unmacht bewußt, von der Neufrankenrepublik
sich einen willkührlichen Frieden erbitten, und
ohne Gegenwehr sich und das Vaterland der
Raubsucht preis geben sollen. Das teutsche
Reich kennt und befolgt nicht nur seine konstitutionellen Pflichten, es fühlt auch noch seine Nationalkraft, welche es den Trümmern des republikanischen Heroismus getrost und muthig entgegen setzen kann, und dies lenket unsern Plan
auf folgende Frage:

Was kann das teutsche Reich bei den
schönen Aussichten in eine bessere Zukunft thun?

Hätte man schon lange die vorhergehende
und diese Frage gründlich erwogen, und deren
Resultat eben so schnell und so eifrig ausgeführt,
als ausgedacht, gewiß dem demokratischen Ko-
lossen und Fanatismus wären durch Teutschlands
Heldengeist die Hörner zerstoßen worden. Anfangs,

fangs, es ist wahr, erkannte und sah man seine
Pflichten, seine Kräfte ein, man schickte sich
auch an, den Umfang derselben auszumessen.
Die reichstäglichen Rathschläge, die Kriegserklä-
rung, der Reichsverband, die Koalition, der
erste Feldzug, die öffentlichen Proklamen waren
der pragmatische, dem ganzen Europa vorge-
legte Maaßstab.

Hätte man nach diesem in sich richtigen
Maaßstab seiner Einsichten, Grundgesetze, Pflichten und Kräfte immerhin gehandelt; hätte man
diesen Maaßstab in beständiger Eintracht zu einem Zwecke durch einerlei Mittel gebraucht,
und ihn auch bei mißlungenen Versuchen nie aus
den Augen gelassen, wie gering wäre der Verlust für das teutsche Reich, oder vielmehr, wie
groß wäre desselben Gewinn gewesen? — Allein
man verlor diesen soliden Maaßstab, welcher
den Edelmuth und den grauen Ruhm der teutschen Nation bewahrt hätte, bald aus dem Ge-
sichte; man behalf sich mit schönen Entwürfen,
gieng mehr theoretisch als praktisch seinen lang-
samen Gang fort, blieb allmählich bei einer sen-
tenziösen Phraseologie stehen, indeß man in Thaten hätte zeigen sollen, was man in Worten so
herrlich ausgedrückt, und was Pflicht und Vermögenheit nach eigener Einsicht verbürgt hätte,
bis

bis zulezt endlich leider gar der allgemeine
Maaßstab, welcher der einzige verläßige gewesen wäre, von einem einseitigen oder partikulären
verrückt worden, wodurch denn natürlich auch
Zweck und Mittel eine falsche Richtung annehmen mußten.

Aber dies ist nun freilich wieder geschehene
Sache, eine Ausgeburt der Inkonsequenz; wir
müssen uns umsehen, was wir jezt bei den der-
maligen Staats- und Kriegsverhältnißen, da der
beste Kaiser eine neue Sonne über das teutsche
Reich hervorgehen ließ, thun können, und dazu wird
uns Konsequenz verhelfen. Wir sind an dem Scheide-
punkt zwischen Krieg und Frieden, und des ersteren langwieriges Mißgeschick, endlich durch
das Waffenglück der kaiserlichen Armeen zur
Aufnahme der gerechten Sache aufgeheitert,
heischt und erzeugt den lezteren. Dies ist entschieden durch den öffentlich dokumentirten Willen am Reichstage, und an den Höfen; aber es
ist zugleich entschieden, daß der werdende Frie-
densschluß mit der Neufrankenrepublik, der teutschen Reichsverfassung angemessen, das Staatsinteresse, und die Nationalehre so gut als möglich, verwahrend seyn solle. So lautet der allgemein angelegte Plan, allein von Pflicht, Vernunft, Klugheit und Vaterlandsliebe gebilliget.

Hal

Halte man mit dem Reichswillen die Gesinnung
und den Entschluß der Feinde zusammen; auch
sie wollen, so sehr sie in der Klemme von In-
nen und von Außen sind, nur einen Frieden,
der dem Staatsvortheil und die Würde der Nation sichert, auch das neue Direktorium aus fünf
Königsidealen bestehend, von dessen Mäßigungs-
geiste der Menschenfreund keine so große Hab-
sucht erwartet hätte, will oder befiehlt nur einen
Frieden, der nebst den erpreßten ungeheuern
Summen nach der geringsten Berechnung (die
Niederlande, und eine ziemliche Strecke längs
des teutschen Rheins an die Republik als ein
ewiges Erbe bringt. Diese Erklärung der Volksrepräsentanten ist kundbar, und zu jenem Zwecke
zu gelangen, ist der Befehl der Gewalthaber in
Paris eben so kundbar schlußmäßig; der letzte
kriegsfähige Mann muß ausgehoben, die letzte
Horde an den Rhein getrieben, der letzte Thaler
aus dem Säckel der Bürger, denen noch etwas
übriget, gerissen werden, um das teutsche Reich
zu einem Frieden nach dem neurepublikanischen
Tone zu zwingen. Der künftige Feldzug ist daher beschlossen, mit aller erdenklichen Spannkraft der Nation ausgeführt zu werden. — Was
ist nun bei dieser Lage der Dinge von teutscher
Seite zu thun? Sollen wir, um vielleicht nur
einem Feldzuge, der mit Vaterlandseifer mit

ernstlichem Fürstenverein, mit gesammelter That-
kraft eröfnet und vollendet, den zeitherigen Verlust ganz oder in der Hauptsache vergüten wird,
auszuweichen, zitternd um friedliche Gnade fle-
hen, und aus Feigherzigkeit oder Scheelsucht
zum unaustilgbaren Schandmal des teutschen
Namens Land und Volk und die teutsche Konsistenze verschleudern, und einen Frieden annehmen, wie man ihn in Paris gern vorschreiben
möchte. Das soll das teutsche Reich seiner
Verbindlichkeit, seiner Wohlfart, seiner Ehre
wegen nicht thun; wir wissen bereits was es
thun soll; handeln soll es nach Grundgesetzen,
nicht täuschende Worte machen, und politische
Gewebe spinnen, um einander selbst zum Ge-
spötte eines Dritten die Schlinge und den Fang
zu geben — handeln soll das teutsche Reich,
wie es kann, nach aller Kraft und Möglichkeit,
welche noch wirklich das Vaterland weit mehr
belebt, als die neue Republik, um einmal von
dem Wirrwar einseitiger Meinungen und Ab-
sprünge sich loszuwinden, und konsequent zu
seyn. Und Teutschlands gegenwärtige Macht
lasset uns, um aller subtilen Ausflucht vorzubeu-
gen, einzeln prüfen.

Oestreich das schöne, bevölkerte, wohlha-
bende, an allem Ueberflusse der Naturgaben und
der

der Jndustrie gesegnete Oestreich, geschmückt mit den mächtigen Kronen von Böhmen und Ungarn, und mit einem ansehnlichen Antheil Pohlens vergrößert, stralt in des teutschen Reichs Diplomatick, und Landkarte als die erste Potenz den vorzüglichsten Glanz aus, welcher sich durch die Kaiserkrone und die grundgesetzliche Majestätswürde über das Reichsfürstengremium noch vermehrt. Dieses Oestreich hat vier Jahre hindurch den Krieg mit den Neufranken geführt, und ihn nur selten oder von unzulänglichen Reichstruppen unterstützt, zuletzt fast allein geführt, hat Millionen — um in Hinsicht auf die weiten und schweren Transporte, auf die Verpflegungs-Magazine und die große Theuerung der Lebensmittel etwas bestimmtes im Durchschnitt anzunehmen, hat die enorme Summe von 600 Millionen Rheingulden verwendet, hat etwa in allem beinahe Hunderttausende der disciplinirtesten und tapfersten Mannschaft aufgeopfert, hat nebst Magazinen und Erbeutungen aller Art Truppen im Felde oder durch Krankheiten verloren und wiederum frische an den Rhein geschickt, hat eine Menge verstümmelt und zu ferneren Diensten unbrauchbar in Invalidenhäusern zu ernähren, hat das ganze Belgien und damit eine überaus reichhaltige Hilfsquelle dem Feinde überlassen müssen. — Dieses Oestreich wie

wie steht es jezt im Jahre 1796, da eben der
neue Feldzug auf der Waagschale der Politik be-
ginnen soll? Mit der auserlesensten Taktik und
Kriegserfahrung seiner Heerführer, wie mit dem
unbeschreiblichen Heldenmuth seiner Armeen, und
man darf sagen, mit der angestrengtesten Allein-
kra.., ohne Reue, ohne Wankelsinn, ohne Er-
schütterung jener in zweifelhaften Fällen so nöthigen Seelengröße, steht es als über alle Kabalen
erhabene Siegerinn am Kampfplatze, dem ver-
jagten Feinde schon ein Graus und Schrecken,
Meisterinn des Rheines, der berüchtigten De-
markationslinie und der wiedereroberten Lande
des teutschen Reichs — dessen Oberhaupt nun
nur der vereinigten Einwirkung und Thätigkeit
entgegen harrt, um einen allgemeinen und ehrenvollen Reichsfrieden mit den Waffen zu vollenden.

Oestreichs innere Kraft hat, der gewaltigen Kriegsanstrengung unbeschadet, noch keine
Schwächung erlitten, sein Finanzsistem ist noch
nicht im geringsten zerrüttet, wenn man auch
die von England geborgten Summen in An-
rechnung bringen wollte, Schulden, deren Rück-
zahlung den Staaten des Erzhauses keine große
Last auflegt, und vermuthlich bei dem Wachsthum des englischen Staatsinteresse durch die
getreue Allianze und unabänderliche Theilnahme
des

des Kaisers an dem Frankenkriege nach dem
Frieden ausgeglichen werden dürfte. Der Kaiser sah sich noch nicht gedrungen, seine Zuflucht
zu Ausschreibung einer allgemeinen Kriegssteuer
zu nehmen, welche in Recht und Pflicht gegrün-
det, nach der Klassifikation der Vermögens-
umstände jährlich erneuert, in allen Staaten eine
erstaunliche Summe ausgeworfen hätte; aber aus
eigener Bewegung und mit der glühendsten Liebe
brachten alle Unterthanen ohne Ausnahme ihrem
geliebten Souverain ihre freiwilligen Opfer zum
Altar des Vaterlandes; der zahlreiche Adel
und Klerus, alle redlichen Bürger eilten mit ihren Beiträgen herbei; selbst die niedrigste Klasse
kargte sich Etwas von ihrem Wenigen ab, um
dem Monarchen ihr patriotisches Herz vorzu-
legen. Was hat Böhmen, was besonders das
großmüthige Ungarn an Mannschaft und baarem
Gelde geliefert? Und dies alles war nur leicht-
entrathenes Geschenk, ohne empfindliche Bürde
der einzelnen, und ohne mindeste Bedrückung
des Gemeinwesens. Welche Kanäle stehen dem
Wienerhofe noch offen, wenn er es einmal nö-
thig fände, auf Erholung seiner Kräfte zu denken? — Alle Unterthanen der weitläufigen Staaten sind in dem blühendsten Wohlstande und
überall herrscht froher Genuß eines gemächlichen
Lebens; was könnten und würden sie noch in
Noth-

Nothfalle thun? Gewiß das markvolle Oestreich
kann im Vergleich mit dem ausgetrockneten kraft-
losen Körper der Neufrankenrepublik diesen Krieg,
der doch beschwerlicher ist, als beinahe alle vor-
hergehenden, mehrere Jahre fortsetzen, ohne in
die Verlegenheit zu kommen, sich durch einen
nichtswürdigen Frieden demüthigen zu lassen.
Wenn wir nun erst auf die mächtige Stütze Englands des getreuen Alliirten hinblicken, welche
mit den französischen Kolonien und dem Vor-
gebärge der guten Hoffnung eine präponderante
Stimme im Friedensrathe führen wird; wenn
wir die Allianz und den allumfassenden Einfluß
Rußlands auf Europens Angelegenheiten erwä-
gen und annehmen, daß die furchtbare Katha-
rina der freundschaftlichsten Aufopferungen Jo-
sephs II. im Türkenkriege aus Dankbarkeit ein-
gedenk, und dem Bündniß und Versprechen ge-
treu, welches sie an Franz den Zweiten erneuert,
einmal ihre vielvermögende Verwendung bei der
Entscheidung der neufränkischen Händel in der
That geltend machen werde, so giebt Oestreichs
kriegerische und politische Macht die schönsten
Erwartungen für das teutsche Reich. Mehr als
zweimalhunderttausend Krieger für die Fahne des
Kaisers, zwar nicht an der Zahl, aber an Heroismus und Kriegskunst dem Feinde überlegen, Armeen schon wiederum ergänzt, und immer mehr

verstärkt, in dem besten Zustande und in voller
Rüstung harren mit Ungedult am jenseitigen Rheinufer auf den ersten Wink, sich frische Lorbeere ein-
sammeln zu können. Was vermag nun Oestreich
nicht noch zu thun, da es ihm auch an dem bei
einem Gemeinwerke allein heilwirkenden Gesammtwillen, und dem harmonischen Einklange mit dem
konstitutionellen Verein und den Erfodernissen des
Reichsbesten niemals fehlt? ——

Gleich nach Oestreich kommt

Preussen, als der zweite Stern an Teutschlands politischem Horizon. Des Königs der Preußen Macht hat sich aus der Tiefe eines ganz be-
schränkten Marggrafthums, durch Kriegsgeist,
Streitkraft, Raffinement und Industerie zu einem
Gipfel von Ansehen und Wirkungskreis aufge-
schwungen, daß nur Eifersucht auf die noch größ-
sere Macht Oestreichs, oder zu viel eigenes Staatsinteresse im Spiele zu seyn scheint, wenn es für
das allgemeine Wohl des teutschen Reichs nicht
alles thut, was es thun könnte. Eine gut disciplinirte
treffliche Miliz von beinahe 200000 Mann immer kampfgerüstet sichert und unterstützt nicht so fast
die Staaten, als die Politik des Kabinets von
Berlin. Friedrichs Geist groß und scharfblickend,
wie ihn nicht bald ein Jahrhundert wiederum
sehen dürfte, hat dem preußischen Staatskörper
das volle Leben eingehaucht.

Der

Der Philosoph und Verfasser des Antima-
chiavells am Throne suchte in der Kultüre der
Wissenschaften und Künste, und zuförderst in der
Verstärkung der Kriegsmacht, welche er so oft
auf fremdem Boden zu ernähren, und fruchttra-
gend für die Maximen seiner Politik zu machen
wußte, die Vervollkommung seiner Staaten,
wie die Verherrlichung seines Hauses. Man
kann es nicht leugnen, er hat es sehr weit gebracht; er wagte es, Europa auf der Waagschale zu halten, und wußte in Bestimmung des
in letzteren Zeiten so berüchtigten Gleichgewichts,
welches er aber immer zu seinem Vortheil zu lei-
ten bedacht war, eine präponderante Stimme zu
behaupten. Die Finanzen waren unter dieses kö-
niglichen Oekonomen Führung auf einen unge-
wöhnlichen Grad erhöhet, und die Staatskasse
war mit einem baaren Schatze von gehäuften Millionen gefüllt: denn im klingenden Reichthum und
in der Miliz sollte Preußens Stärke sich gründen,
nicht ohne zweckhaftem Erfolg. In dieser Kraft-
lage fand Friedrich Wilhelm sein Erbe, und diesem Könige hat es geglückt, binnen einem Deze-
nium fast ohne merkliche Anspannung seinem Kur-
hause und seiner Krone ein unglaubliches Wachsthum und Ansehen zu erobern. Das Marg-
grafthum Ansbach, welches noch lange nicht an
Preußen gefallen wäre, der schöne und reiche
Seehafen, Danzig und Thorn, wodurch der Kö-

F   nig

nig Herr der Weichsel und eines mächtigen Kom-
merzes geworden, ehemals Friedrichs Lieblings-
gegenstand, für deren Gewinn er sich wohl gar
zu gewissen politischen Aufopferungen entschlossen
hätte, der neueste Antheil von Pohlen, welche
Acquisitionen! Und diesen belangreichen mit so weniger Anstrengung erhaschten Zuwachs von Macht
und Staatengröße hat Friedrich Wilhelm eigentlich der vielleicht zu argwohnlosen Toleranz und
dem vertrauenvollen Bündniß des Erzhauses Oestreich zu verdanken.

Dieses Bündniß nun, das von Seite Oestreichs mit solch' entschiedener Aufrichtigkeit geschlossen worden, und von dem sich Teutschland
mit Recht so viele wohlthätigen Folgen versprochen
hatte, soll von Preußen zuerst in dem allgemeinen
von ihm selbst so feierlich dekretirten Reichskriege
aus Nebenabsichten zertrümmert werden? Diese
Macht Preußens, jetzt fast gleich ansehnlich zur
See wie auf dem festen Lande, soll als bloße
Statue unfähig, unbehilflich, leblos seyn in einer
Zeitkrise, wo es um nichts geringeres, als um das
Schicksal des ganzen teutschen Reichs, nicht einzelner Theile desselben zu thun ist? Diese Macht
Preußens soll vielmehr mit der Sache der Reichsfeinde sein Staatsinteresse verbinden? — Mit
dem Vorwand von Entkräftung möchte Kur-
brandenburg als der erste Reichsmitstand nach
Oesterreich, sich von den konstitutionellen Pflichten
nie-

niemals befreien; Verschwendung an Mannschaft und Geld war während dem Frankenkriege eben nicht sichtbar; verhältnißmäßig dürfte manches mindere Reichsglied mehr geleistet haben. Auch ist Preußens Bürde durch Englands schöne Sub= sidiengelder sehr vergolten und, wie wir erachten, die ganze Rechnung in Warschau genäulich be= zahlt worden. Preußen kann zur glücklichen Be= endigung der Reichskriegssache, ohne sich zu ent= blößen, ungefähr 60000 waffengeübte Brennen agil machen, um so besser, als es nicht nur in Pohlen schon Entschädigung, sondern auch freiere Hand erhalten hat. Preußen kann noch obendrein mit dem Vortheil des teutschen Reichs seinen eigenen bezwecken, wenn es diese Truppenzahl nach Holland schickt, um die Würde und die Rechte des entsezten Erbstatthalters, wobei das Familien= und Privatinteresse des preußischen Hauses so sehr verwebt ist, und dann auch die alte dem bisherigen Gesammtinteresse Europens mehr vereinbarliche Verfassung wieder herzustellen.

Indessen so das tapfere Brennenheer mit der Entgallisirung der vereinigten Staaten beschäftiget wäre, könnten die kaiserlichen und Reichsarmeen desto kräftiger am Rheine den Reichsfeind in seine Heimath zurückwerfen.

Vom Können also ist bei Preußens der= maligem Benehmen im Reichskriege kein Zwei= fel, nur vom Wollen, und dies fällt um so

mehr auf, als der Kurfürst von Brandenburg
seine Nichtheilnahme an den dringendsten Ver-
handlungen am Reichstage öffentlich erklärt, und
auch bei seiner so viel vermögenden Potenz das
verfassungsmäßige Kontingent verweigert, indem
andere mindermächtige Mitstände, selbst solche,
welche die Schrecknisse dieses Krieges empfunden
haben, ihre Beiträge zur Rettung des Vaterlandes nach den Verhältniß ihrer Kräfte abzulie-
fern bereit sind.

Kurpfalzbaiern Ansprüche auf einen ehr-
würdigen Rang unter dem ersteren Reichsständen
sind in Teutschlands Geschichte glänzend. Be-
deutenheit im Umfang der Länder, wie Realität
im inneren Gehalt empfehlen dieses Kurfürsten-
thum als eine respectable Stüze des teutschen
Reichs in kritischen Umständen. Allezeit vermö-
gend eine Miliz von 40000 Mann auf den Bei-
nen zu haben, könnte der Kurfürst jezt den größten Theil kernhafter Trupen davon, was nicht
unmittelbar zur Deckung seiner Staaten erfodert
wird, zum Besten der konstitutionellen Gemeinsache verwenden. Der Baiern und Pfälzer Kriegs-
muth und Verdienste verbürgt die Vaterlands-
Kronik; sie haben sich auch schon gegen die Neufranken hervorgethan. Eben so bieten Reichthum,
Fruchtbarkeit und Staatseinkünfte von Baiern
und Pfalz zugleich die gewichtigsten Mittel an,
der Kriegsoperationskasse die gesetzlichen Gebühren

zu

zu entrichten. Was hat das teutsche Reich von dem Gemeinsinn und Patriotismus Karl Theodors zu erwarten? — Wäre dem oft trügerischen Rufe zu trauen, so würde Kurpfalzbaierns ganze Macht zur Begünstigung des künftigen Reichsfriedensschlusses bestimmt. Jeder teutsche Biedermann wird der Verwirklichung seiner frommen Wünsche mit Sehnsucht entgegen blicken.

Kursachsen mit einer hochverehrlichen Stimme im kurfürstlichen Kollegium und mit wesentlicher Kraft versehen, kann immer sein ordentliches Kontingent an Geld und Mannschaft entrichten; es könnte noch mehr als 10000 rühmlichst bekannte Krieger, welche bereits für den eintretenden Feldzug festgesetzt seyn sollen, für die Ehre des teutschen Reichs streiten lassen. Es ist auch allerdings die thätigst erneuerte Mitwirkung zu dem verbandmäßigen Staatszwecke von dem weisen Kurfürsten zu hoffen.

Kurhanover kann, als teutscher Reichsstand viel, und könnte noch mehr thun, wenn dem Könige von England nicht daran gelegen wäre, zur Handhabung seiner Plane alle Macht zusammen zu fassen. Inzwischen ist der alles überwiegende Einfluß der englischen Krone, deren Treue und Anhänglichkeit an die Koalizion nicht den geringsten Vorwurf leidet, der zuträglichste Damm gegen die Anmaßungen der Neufranken-republick.

Hessen.

Heſſenkaſſel ſtralte zu Anfang dieſes Krieges ein Sonnenlicht des brennendſten Reichspatriotismus aus, um einſt mit der abgängigen
Kurwürde belohnt zu werden, und ſchiene durch
Großthaten nach einer Stelle im teutſchen Pan-
theon zu geizen. Aber dem Herrn Landgrafen
gefiel es plötzlich, aus ſchiefer Leitung, eine ganz
andere Rolle zu ſpielen, welche mit den vorigen
Erklärungen und dem Reichsverband, an deſſen
Kette er ein edles Glied vorſtellt, gar nicht zu-
ſammen paßte. Was der kriegsgeiſtige Herr
Landgraf mit ſeinen tapferen Heſſen für die allgemeine Staatsſache Teutſchlands zu unternehmen vermag, wenn er ferner will, das hat der-
ſelbe mit vielem Ruhme erwieſen, ob er aber
wolle, das wird die Zeit lehren. Die Ehre, der
Dank der Nation und der Kurhut dürften ihm
vielleicht noch zu Theile werden, wenn er ſich nicht
von ſeinen Konſtitutionspflichten eigenmächtig los-
zählt, was das teutſche Reich mit ſeinem Oberhaupte dem patriotiſchgeſinnten Herrn Landgrafen
nicht länger mehr zudenken ſoll.

Kurböhmen und Oeſtreich überheben uns
der Erwähnung, weil beide ohnedies mehr thun,
als ſie zu thun verpflichtet ſind, und um des
Reichs willen alle Kraft anſtrengen.

Wir begnügen uns, die mächtigſten Reichs-
ſtände anzuführen, welche dem Reichskriege die
mehrſte Stoßkraft geben können. Alle übrigen
Reichs-

Reichsfürsten, worunter noch viele eine beträchtliche Macht besitzen, sind in regulärem Ebenmaaß
ihrer reichsständischen Pflichten zu ihrer landes-
herrlichen Vermögenheit, immer fähig, den Wün-
schen des Vaterlandes, so viel nur an jedem liegt,
entsprechend zu werden; und wenn nun alle ohne
Ausnahme im gehörigen Reichsverband und Einverständniß und mit gemeingeistigem Wetteifer
zur Verfechtung der guten Sache, zur Erreichung
des allgemein vorgesteckten Zweckes zusammen treten; wenn einer dem andern mit löblichem Beispiel vorangeht, wie denn Beispiele am mehrsten
anziehend sind, und keiner den andern hinter sich
zurück läßt; so kann das teutsche Reich mit ver-
einter Kraft und That an der Spitze seines Kaisers den Hauptfeind, der bereits an einem zehren-
den Staatsfieber kränkelt, zu einem ehrenvollen
Frieden nöthigen. Und dadurch, nämlich durch
die noch selbstständige Pflicht und Macht aller
Reichsfürsten im allgemeinen, löset sich die fernere
Frage auf:

Was wird das teutsche Reich bei den
jezigen Kriegsverhältnissen thun?

Das teutsche Reich wird, um konsequent
und auch edel zu handeln, das thun, was es soll,
was es kann. Es wir nicht mehr zögern, nicht
mehr deliberiren, nicht mehr privatisiren, es wird
in konstitutioneller Gemeinschaft noch einen Feldzug

jug unternehmen, und da dieser über Ehre oder
Schande, Gewinn oder Verlust entscheiden muß,
ihn mit gesammter Schnellkraft unternehmen.
Das teutsche Reich wird ohne fernere Zeitver-
schwendung in allen Gliedern wirksam seyn, wird
seine kontingentmäßige Mannschaft und Kriegssteuer in Natur herstellen, wie es denn wirklich
den Betrag der Römermonate zum Theil mit der
Feder verwilliget hat, und mit so konzentrirter
Macht den allgemeinen Staatszweck, die Erhaltung des teutschen Reichs, der teutschen Verfassung und ständischen Gerechtsamen verfolgen. So,
und durch diese Maasregeln wird die Majestät
des teutschen Reichs mit seinem bestgesinnten Kaiser durch einen allgemein dekretirten Reichskrieg
auch einen allgemeinen, ehrenvollen und pragmatischen Reichsfriedensschluß entstehen machen.
Friedrich Wilhelm, erhabener König! welcher
auf Gerechtigkeit der Gesetze und Heiligkeit der
Verträge hält, du wirst der teutschen Konstitution
und Wohlfart im allgemeinen, nicht nur im einzelnen betrachtet, nicht mehr entgegen seyn; Ihr
Reichsfürsten alle, ihr wisset, was ihr thun sollet
und könnet, handelt endlich mit teutschem Ernst,
der euern Urgroßvätern eigen war, eilt herbei im
Gemeingeiste, das wichtige Friedenswerk zu voll-
führen, zu euerm eigenen Nutzen und Ruhme bei
der Zeit- und Nachwelt!!!

www.ingramcontent.com/pod-product-compliance
Lightning Source LLC
Chambersburg PA
CBHW021419090426
42742CB00009B/1189

* 9 7 8 3 3 3 7 4 1 3 5 6 9 *